中等职业学校
课程改革新教材

Qiche Xiaoshou Shiwu
汽车销售实务

(第2版)

主　编　刘新江　胡竹娅
副主编　杨秀娟　万　宏　蒋　蜜

人民交通出版社股份有限公司
China Communications Press Co.,Ltd.

内 容 提 要

本书是中等职业学校课程改革新教材之一,主要包括:职业形象初体验、客户接待定需求、车辆推介看技巧、试乘试驾增兴趣、异议处理树信心、签约成交有办法、售后服务高质量、网络销售促销量八个学习任务。

本书为中等职业学校汽车整车与配件营销专业的教材,也可供汽车销售顾问及相关人员参考阅读。

图书在版编目(CIP)数据

汽车销售实务/刘新江,胡竹娅主编. —2版. —北京:人民交通出版社股份有限公司,2019.6
ISBN 978-7-114-15378-5

Ⅰ.①汽⋯ Ⅱ.①刘⋯②胡⋯ Ⅲ.①汽车—销售—中等专业学校—教材 Ⅳ.①F766

中国版本图书馆 CIP 数据核字(2019)第 047067 号

书 名:	汽车销售实务(第2版)
著 作 者:	刘新江 胡竹娅
责任编辑:	戴慧莉
责任校对:	刘 芹
责任印制:	张 凯
出版发行:	人民交通出版社股份有限公司
地 址:	(100011)北京市朝阳区安定门外外馆斜街3号
网 址:	http://www.ccpcl.com.cn
销售电话:	(010)59757973
总 经 销:	人民交通出版社股份有限公司发行部
经 销:	各地新华书店
印 刷:	北京虎彩文化传播有限公司
开 本:	787×1092 1/16
印 张:	9.5
字 数:	220千
版 次:	2013年9月 第1版
2019年6月 第2版
印 次:	2023年7月 第2版 第3次印刷 总第5次印刷
书 号:	ISBN 978-7-114-15378-5
定 价:	26.00元

(有印刷、装订质量问题的图书,由本公司负责调换)

中等职业学校
课程改革新教材编委会

(排名不分先后)

主　　任：王永莲(四川交通运输职业学校)　　王德平[贵阳市交通(技工)学校]
副 主 任：韦生键(成都汽车职业技术学校)　　陈晓科(郴州工业交通学校)
　　　　　张扬群(重庆市渝北职业教育中心)　　刘高全(四川科华高级技工学校)
　　　　　蒋红梅(重庆立信职业教育中心)　　余波勇(郫县友爱职业技术学校)
　　　　　姜雪茹(成都市工业职业技术学校)　　袁家武[贵阳市交通(技工)学校]
　　　　　黄　轶(重庆巴南职业教育中心)　　徐　力(成都工程职业技术学校)
　　　　　张穗宜(宜宾市工业职业技术学校)　　刘新江(四川交通运输职业学校)
委　　员：柏令勇　杨二杰　黄仕利　雷小勇　钟　声　夏宇阳　陈　瑜　袁永东
　　　　　雍朝康　黄靖淋　何陶华　胡竹娅　税发莲　张瑶瑶
　　　　　盛　夏(四川交通运输职业学校)
　　　　　谢可平　王　健　李学友　姚秀驰　王　建　汤　达
　　　　　侯　勇[贵阳市交通(技工)学校]
　　　　　王丛明　陈凯镁(成都市工业职业技术学校)
　　　　　韩　超(成都工程职业技术学校)
　　　　　向　阳　秦政义　曾重荣(成都汽车职业技术学校)
　　　　　袁　亮　陈淑芬　李　磊(郴州工业交通学校)
　　　　　向朝贵　丁　全(郫县友爱职业技术学校)
　　　　　石光成　李朝东(重庆巴南职业教育中心)
　　　　　唐守均(重庆市渝北职业教育中心)
　　　　　夏　坤(重庆立信职业教育中心)
　　　　　周　健　向　平(四川科华高级技工学校)
　　　　　伍鸿平(宜宾市工业职业技术学校)
丛书总主审：朱　军
秘　　书：戴慧莉

第2版前言

本套"中等职业学校课程改革新教材",自2010年首次出版以来,多次重印,被全国多所中等职业院校选为汽车运用与维修专业教学用书,受到了广大师生的好评。2012年根据教学需求,本套教材进行了修订,使之在结构和内容上与教学内容更加吻合,更注重对学生实践能力的培养。

为了体现现代职业教育理念,贴近汽车运用与维修专业实际教学目标,促进"教、学、做"更好地结合,突出对学生技能的培养,使之成为技能型人才,2018年8月,人民交通出版社股份有限公司吸收教材使用院校的意见和建议,组织相关老师,经过充分认真研究和讨论,确定了修订方案,再次对本套教材进行了修订。

《汽车销售实务》的修订工作,是在本书第一版的基础上进行的,教材修订主要体现在以下几个方面:

(1)在原每章主体知识基本不变的前提下,每章节内容按照"任务描述、知识准备、任务实施、评价反馈、学习拓展"的一体化教学方式编写教材;

(2)对原教材目录进行整合,改变原来项目式的章节编排,按照汽车销售顾问岗位工作流程采用任务式引领的方式重新制定标题;

(3)在原来"车辆展示与推介"的章节中新增了"新能源汽车——上汽荣威Ei6车型的六方位绕车介绍"内容;

(4)新增了"学习任务八 网络销售促销量",该任务主要讲述汽车4S店开展汽车网络销售的部门及业务开展和办理的相关流程。

本书由四川交通运输职业学校(四川交通技师学院)刘新江、胡竹娅担任主编,由四川交通运输职业学校(四川交通技师学院)杨秀娟、万宏、蒋蜜担任副主编;四川交通运输职业学校(四川交通技师学院)张瑶瑶,四川科技职业学院盛夏,重庆三峡职业学院蔡彧参编。在编写的过程中,我们走访了很多品牌4S店,查阅了大量的文献,特别是四川申蓉汽车股份有限公司申蓉宇丰上汽荣威 4S 店对本教材的编写给予很大帮助和支持,在此表示感谢!

限于编者水平,书中难免有疏漏和错误之处,恳请广大读者提出宝贵建议,以便进一步修改和完善。

中等职业学校
课程改革新教材编委会
2019 年 2 月

目 录

学习任务一　职业形象初体验 ·· 1
　子任务 1　形象管理提气质 ··· 1
　子任务 2　巧用礼仪更舒适 ··· 12
学习任务二　客户接待定需求 ·· 19
　子任务 1　接待客户集客源 ··· 19
　子任务 2　客户跟进要及时 ··· 34
学习任务三　车辆推介看技巧 ·· 42
　子任务 1　静态展示引关注 ··· 42
　子任务 2　绕车介绍有方法 ··· 50
　子任务 3　竞品评价慎应对 ··· 62
学习任务四　试乘试驾增兴趣 ·· 69
学习任务五　异议处理树信心 ·· 80
学习任务六　签约成交有方法 ·· 89
　子任务 1　签约成交有技巧 ··· 89
　子任务 2　签约手续走流程 ··· 97
学习任务七　售后服务高质量 ··· 109
　子任务 1　新车交付重细节 ·· 109
　子任务 2　回访客户保质量 ·· 121
　子任务 3　投诉抱怨要满意 ·· 127
学习任务八　网络销售促销量 ··· 133
参考文献 ··· 144

学习任务一　职业形象初体验

学习目标

完成本学习任务后，你应当：

1. 通过小组讨论学习，能写出头发、面容、着装、饰物四种仪容的知识要点，并能脱口说出，对照仪容礼仪标准进行自我展示；
2. 通过分小组学习，列出站姿、走姿、坐姿、蹲姿四大仪表礼仪要点，进行演练展示；
3. 能按照微笑、手势、鞠躬、问候寒暄、称呼、握手、名片七大服务礼仪标准正确演练，并能熟练运用服务礼仪标准应对汽车销售流程各种情景。

学习内容

1. 汽车销售人员的职业形象；
2. 职业形象中的仪容仪表；
3. 职业形象中的服务礼仪。

建议学时：12学时。

子任务1　形象管理提气质

任务描述

良好的个人仪容仪表礼仪是塑造职业形象的基本要求之一。仪容仪表不仅是简单的服装、外表、发型和妆容等外在因素的组合概念，而且是综合的、全面的，外表与内在相结合的，在交流中可以给人留下深刻印象的基本职业素养。作为新入职上汽大众4S店的销售顾问，请你在早会前，按要求整理好自己的仪容仪表，展厅经理在早会时进行逐一检查。

一、知识准备

(一) 仪容的礼仪

在日常生活中，发型、着装和面部修饰等在表现个性上的确起到非常重要的作用，可是在工作场合就有必要对"周围和对方"给予关注，因此，工作人员要尽量塑造与其职业和行业相符合的专业形象(图1-1)。

1. 头发

头发应洁净、整齐、无头屑、不染发、不理奇异发型。

1) 男士头发(图1-2)

男士头发讲究"前不覆额、侧不掩耳、后不及领、面不留须",整体给人一种"整齐、干净、有型"的印象。具体应注重以下几点：

(1) 理发、洗发、梳头定型,保证不留长发、干净有型。

(2) 不染发、不怪异、无刺激性气味。

(3) 注意整理睡觉后压乱的发型。

图1-1　汽车4S店销售顾问形象

图1-2　男士头发

2) 女士头发(图1-3)

女士头发总体上要"干净、梳理有型"(图1-3a),给人"文雅、庄重、干练"的印象。女士着重注意以下几点：

(1) 长发须束起,以"头发不挡脸、刘海不遮眼"为原则,如图1-3b)所示。

(2) 不染发、不怪异、无头屑、无气味。

(3) 随时检查并拈走附着在衣服上的头发,如图1-3c)所示。

a)

b)

c)

图1-3　女士头发

2. 面容

面容要给人干净整洁的印象。

1) 男士面容(图1-4)

男士面容要整洁,剃干净胡须(图1-4a),眼睛无分泌物(图1-4b),牙齿清洁、口腔无异味,如图1-4c)所示。

a) b) c)

图1-4 男士面容

2) 女士面容(图1-5)

女士面容整洁(图1-5a),淡妆上岗(图1-4b),牙齿清洁、口腔无异味,清除汗毛,不可使用味道浓烈的香水,力求清新淡雅。

a) b)

图1-5 女士面容

3. 着装

着装一般要着统一制服,力求大方、得体,与销售的产品和公司的形象相符。

1) 男士着装(图1-6)

(1) 按岗位规定着装,保持服装干净,熨烫平整,裤线保持笔挺,如图1-6a)所示。

(2)衣袋不乱放杂物,西装或衬衣口袋不插笔和名片,如图1-6b)所示。

(3)保持皮鞋光亮。注意鞋子上不要有污物,鞋后跟不要有磨损,如图1-6c)所示。

(4)领带、衬衣、西装、袜子、鞋子颜色协调。注意领带不要松,领带打结处不要脏(图1-6d),衬衣的每一个纽扣要扣好;衬衣的领口及衣襟保持干净。

图1-6 男士着装

2)女士着装(图1-7)

(1)女士衬衣须系于裙或裤内,表面不能有明显内衣痕迹,如图1-7a)所示。

(2)经常穿马甲,避免穿T恤衫,衬衣避免鲜艳的颜色。

(3)穿裙装时,一律搭配肤色丝袜,无破洞,如图1-7b)所示。

(4)保持皮鞋光亮、清洁,为保证安全,鞋跟在5cm以下,如图1-7c)所示。

(5)丝巾结要齐于领口,丝巾下部不可低于衣襟,丝巾要保持干净平整,无污渍,蝴蝶结扣平整饱满,如图1-7d)所示。

图1-7 女士着装

4. 饰物（图1-8）

（1）胸卡应正面朝前佩戴于胸前左胸西装口袋处，如图1-8a)所示。

（2）除结婚戒指外，上班时销售人员严禁佩戴其他饰品，如图1-8b)所示。

（3）女士要注意在工作场合尽量避免佩戴太大的耳环、扎眼的戒指、项链、手镯等。

a)

b)

图1-8 饰物

(二)仪表的礼仪

仪表是指人在行为中的姿势和风度。姿势是指身体呈现的样子,风度是气质方面的表达。个人仪表是一种无声的"语言",它是塑造职业形象的第一步,能在很大程度上反映一个人的素质、修养,并影响被别人信任的程度。只有平时注重多方面知识的储备和能力的积蓄,才能做到气质独特、卓尔不群,也才会有专业的行为举止。汽车销售人员必须注重仪表,尤其要注意自己的站姿、走姿、坐姿、蹲姿等。

1. 站姿

正确的站姿是面带微笑,两肩放松,气下沉,自然呼吸;抬头,目视前方,挺胸直腰,双臂自然垂下,收腹,将双手交叉,右手搭在左手上。

1) 男士站姿(图1-9)

(1) 身体挺拔直立,两脚开立与肩同宽,重心垂直在两脚之间,如图1-9a)所示。

(2) 左手自然握拳,右手握住左手手腕,自然放于小腹前,如图1-9b)所示。

a)　　　　　　　　　　　　b)

图1-9　男士站姿

2) 女士站姿(图1-10)

a)　　　　　　　　　　　　b)

图1-10　女士站姿

(1)身体挺拔直立,如图1-10a)所示。
(2)双脚呈V字形或丁字形站立,右手握住左手手指自然放于小腹前,如图1-10b)所示。

2. 走姿

走姿反映的是人的动态美,是最引人注目的身体语言之一(图1-11)。走姿主要有以下要求:

(1)起步时,上身略向前倾,身体重心落在脚掌前部,两脚跟走在一条直线上,如图1-11a)所示。
(2)行走时,双肩平稳,目光平视,下颌微收,面带微笑,如图1-11b)所示。
(3)手臂伸直放松,手指自然弯曲,手臂自然摆动,速度适中,如图1-11a)所示。

a)

b)

图1-11 正确的走姿

提示

行走最忌"内八字""外八字";不可弯腰驼背、摇头晃肩、扭腰摆臂;不可膝盖弯曲或重心不协调,使得头先至而腰、臀后跟上来;不可走路时吸烟、双手插入裤兜;不可左顾右盼;不可无精打采,身体松垮;不可摆臂过快、摆动幅度过大或过小。

3. 坐姿

入座时要轻,至少要坐满椅子的三分之二,后背轻靠椅背,双膝自然并拢(男性可略分开)。身体稍向前倾,表示尊重和谦虚。离座时,要自然稳当,右脚向后收半步,而后站起。

1)男士坐姿(图1-12)

(1)头部端正,双目平视,上体挺直,可将双腿分开略向前,如图1-12所示。
(2)如长时间端坐,可双腿交叉重叠,置于一侧,双手叠放,置于左腿或右腿上。

a) b)

图 1-12 男士坐姿

2）女士坐姿（图 1-13）

（1）入座前应先将裙角向前收拢（如果是裙装），双膝并紧（图 1-13a），双脚同时向左或向右放（图 1-13b），两边叠放于腿上。

（2）如长时间端坐可将两腿交叉重叠，但要注意上面的腿向回收，脚尖向下，如图 1-13c)所示。

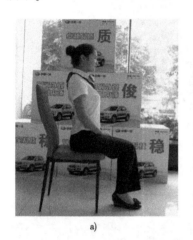

a) b) c)

图 1-13 女士坐姿

提示

（1）就座与人交谈时，不可双腿不停地抖动，更不可让鞋跟脱离脚跟晃动。
（2）两腿不可过于交叉，也不可过于伸开。
（3）坐下后不应随意挪动椅子。
（4）不可将大腿并拢、小腿分开，或双手放于臀下。

4. 蹲姿

在拾取低处物件时，应保持大方、端庄的蹲姿。一脚在前，一脚在后，两腿向下蹲，前脚全着地,小腿基本垂直于地面,后脚跟提起,脚掌着地,臀部向下。

1)男士蹲姿(图1-14)

(1)双膝适度分开,一高一低。

(2)上身挺直,下蹲时侧对客户。

(3)不要突然下蹲,不要距离旁人过近。

图1-14 男士蹲姿

2)女士蹲姿(图1-15)

(1)双腿并拢收紧,一高一低,如图1-15a)所示。

(2)下蹲时侧对客户,保持与客户适中的距离。

(3)臀部向下,以单腿支撑身体,如图1-15b)所示。

图1-15 女士蹲姿

二、任务实施

(一)任务目标

(1)能说出销售顾问岗位仪容、仪表的标准与要求。

(2)能按照销售顾问仪容、仪表的标准展示自我。

(二)准备工作

1. 硬件资源准备

(1)实践环境:模拟4S店展厅实训室。

(2)设备:实训用车辆。

(3)工具和材料:穿衣镜、工作牌、丝巾、领带、工作椅等。

2.软件资源准备

产品资料、宣传册、销售文件、销售工具、仪容礼仪考核表、仪表礼仪考核表。

(三)注意事项

(1)工作时间穿着公司要求的统一服装。

(2)工作牌要佩戴在上衣的左胸上方并保持水平,不歪斜。

(3)在岗时,应精神饱满,表情自然,面带微笑。

(四)工作内容

对比所学知识,按照仪容仪表考核标准,先自己检查仪容仪表是否符合标准,及时调整,然后展厅经理再对销售顾问进行逐一检查。

(1)按照仪容的礼仪,展厅经理将对销售顾问进行逐一检查,见表1-1。

仪容礼仪考核表　　　　　　表1-1

项目	检查标准	没有完成	有待提高	良好
头发	头发整洁;无头屑、烫染;女生不留披肩发,无头饰,男生不留长发			
眼睛	无眼屎、不充血、眼镜端正、不佩戴有色眼镜			
耳朵	不佩戴耳环			
鼻子	鼻孔干净、不流鼻涕			
胡须	干净、整洁,不留长胡须、八字胡或其他怪状胡须			
嘴	牙齿干净、洁白,口中无异味			
脸	面容洁净,女生淡妆			
脖子	脖子不佩戴项链或其他饰物			
手	双手洁净,指甲整齐,不涂指甲油,不戴除婚戒以外的戒指			
衬衣	衬衣保持洁净,扣上风纪扣,不挽袖子			
领带	领带端正整洁,不歪不皱			
西装	西装整洁笔挺,背部无头发、头屑,上衣口袋不插笔,所有口袋不能因放置物品而鼓起来			
皮带	皮带高于肚脐,松紧适度,不可选用形态怪异的皮带头			
鞋袜	鞋袜搭配得当,鞋面洁净光亮,肤色短袜或长筒袜,袜子不能脱落或脱丝			

(2)按照仪表的礼仪,展厅经理将对销售顾问的仪表进行考核,见表1-2。

仪表礼仪考核表　　　　　　表1-2

项目	检查标准	没有完成	有待提高	良好
站姿	女士:双手虎口相交,自然叠放于身前,右手在上,左手在下,双脚跟并拢,脚尖分开夹角为15°(或将左脚放在右脚的二分之一处,两脚之间的夹角为不超过45°);挺胸、收腹、腰直、肩平,目光注视前方,嘴微张,面带微笑 男士:双手自然地交叉放在身体前面,左手在上,右手在下,两脚略分开些,与肩同宽,挺胸、收腹、腰直、肩平,目光注视前方,嘴微张,面带微笑			

续上表

项目	检 查 标 准	没有完成	有待提高	良好
走姿	上身向前倾,身体重心落在脚掌前部,两脚跟走在一条直线上,脚尖偏离重心10°;行走时,双肩平稳,目光平视,下颌微收,面带微笑。手臂伸直放松,手指自然弯曲,手臂自然摆动,前摆向里35°,后摆向后约15°,要保持平稳从腰部以下行动,双手半握拳和谐摆动。同时步行速度要适中,不要过快或过慢,女性的步幅为30cm左右,男士的步幅为40cm			
坐姿	身体重心垂直向下,腰部挺起,上体保持正直,头部保持平稳,两眼平视,下颌微收。男士:上身挺直,两腿分开,不超肩宽,两腿平行,两手自然放在腿上;女士:双腿并拢,两脚同时向左或向右放,两手相叠后放在左腿或右腿上,也可以双腿并拢,两脚交叉,置于一侧			
蹲姿	下蹲时,左脚在前、右脚在后向下蹲去,双腿合力支撑身体,避免滑倒或摔倒,使头、胸、膝关节不在一个角度,从而使蹲姿显得优美。男性双腿微开,女性双腿并拢			

三、学习拓展

　　张鑫是上汽大众4S店正式的销售顾问,今天下午与一老客户陈先生约好对其上门拜访。现需要张鑫按照销售顾问仪容、仪表的标准做好准备,上门拜访陈先生。

　　任务分析:张鑫作为上汽大众4S店的销售顾问上门拜访,要展示出良好的职业形象,具体需从仪容礼仪头发、面容、着装、饰物、仪表礼仪站姿、走姿、坐姿、蹲姿展示。请结合仪容礼仪考核表与仪表礼仪考核表项目检查标准进行展示。

　　任务实施:对学生进行分组,两人为一组,模拟展示销售顾问张鑫上门拜访客户陈先生的情景,抽签上台表演,各组学生观察上台展示组学生的仪容以及站姿、走姿、坐姿、蹲姿,再分别指出他们的这些姿态都有哪些问题,自己今后又将如何避免出现这类问题。

四、评价反馈

1. 自我评价

(1)对本学习任务的学习你是否满意?

_____

(2)你能说出4S店销售顾问仪容、仪表礼仪标准吗?

_____

(3)你能按照销售顾问仪容礼仪展示自我吗?

_____

(4)你能独立完成仪表礼仪站姿、走姿、坐姿、蹲姿展示吗?

_____

2. 小组评价

(1)你们小组在接到任务之后是否讨论过如何展示?

_____

(2)你们小组在展示中相互配合的好吗?
_____
(3)你们小组在展示中是否按照仪容仪表礼仪规范要求进行的?
_____
3. 教师评价
(1)小组综合表现:_____
(2)优势:_____
(3)提升之处:_____

子任务2　巧用礼仪更舒适

任务描述

服务礼仪贯穿于服务过程。汽车销售人员在工作岗位上良好的言谈、举止、行为等,是对客户的尊重;有形化、规范化、系统化的服务手段,不仅可以给客户树立员工的良好形象,更是塑造企业服务规范和服务技巧的核心。

任务:早上10:00,一位年轻的企业家刘女士独自来到4S店新车展厅,准备买车。刘女士是精明人,不可能随随便便就买下汽车。此时,销售顾问应运用服务礼仪接待刘女士,给刘女士留下美好的印象,促进车辆成功销售。展厅经理通过观察销售顾问接待时的服务礼仪,做出评分。

一、知识准备

(一)微笑礼仪

微笑是一种国际礼仪(图1-16),能充分体现一个人的热情、修养和魅力,是赋予人好感、增加友善和沟通、愉悦心情的表现方式。

(1)微笑应是乐观积极向上,真诚友好,发自内心的,而非职业化的。

(2)树立"3米微笑"理念。当与客户的距离在3m以内时,汽车销售人员应主动对客户微笑。

(3)不仅在面对客户时,在面对上级、宾客、同事时,汽车销售人员同样要养成微笑的习惯,营造良好的交际氛围。

图1-16　面向客户的微笑

(二)手势礼仪(图1-17)

商务活动中恰当地使用手势,有助于思想的表达,并且能够增强感染力。

向远距离的人打招呼时,伸出右手,右胳膊伸直高举,掌心朝着对方,轻轻摆动(图1-17a),但不可向上级和长辈招手。

当需要用手指引客户和客人时,食指向下靠拢,拇指向内侧轻轻弯曲,指向方向(图1-17b)。

图1-17 手势礼仪
a)招手；b)指引

指引客户方向或看什么东西的时候,手臂应自然伸出、手心向上、四指并拢。出手的位置应该根据与客户所处的位置而定,即使用与客户距离远的那条手臂。

引导客户进入展厅时,走在客户侧前方,与客户保持一致的步调,先将店门打开,请客户进入店内。

引导客户进入展车时,走在客户的侧前方,与客户保持一致的步调,并为客户拉开展车的车门,请客户进入。

(三)**鞠躬礼仪**(图1-18)

鞠躬是表达敬意、尊重、感谢的常用礼节。鞠躬时应从心底发出感谢、尊重对方的意念,从而体现于行动,给对方留下真诚的印象。鞠躬礼可广泛用于汽车销售接待服务过程中与客户接触的各个环节。行礼时,以标准站姿站立(或按标准走姿行走时适当减缓一下速度),面带微笑,头部下垂,带动上身前倾,呈15°角,时间持续1~3s即可,目光注视对方。

图1-18 鞠躬礼仪

(1)鞠躬时,必须伸直腰,脚跟靠拢,双脚脚尖处微微分开,目视对方,然后将伸直的腰背向前弯曲(图1-18a)。

(2)鞠躬时,弯腰速度适中,之后抬头直腰。
(3)与客户交错而过时,面带微笑,行15°鞠躬礼,头和身体自然前倾,低头要比抬头慢。
(4)接送客户时,行30°鞠躬礼(图1-18b)。
(5)初见或感谢客户时,行45°鞠躬礼(图1-18c)。

(四)问候寒暄礼仪

在正式交谈开始之前,应有几句寒暄或问候语,它本身并不正面表达特定的意义,但它在沟通中是必不可少的。因为,寒暄能使不相识的人相互认识,使不熟悉的人相互熟悉,使沉闷的气氛变得活跃,尤其是初次见面时,几句得体的寒暄会使气氛变得轻松,有利于顺利地进入正式交谈。常用的问候寒暄用语见表1-3。

常用问候寒暄用语表　　　　　　　表1-3

分　类	内　容
常规礼貌用语	您好;谢谢您;没关系;请指教;对不起;再见
欢迎礼貌用语	请;欢迎光临;欢迎惠顾;很高兴见到您
问候礼貌用语	您好;早上好;多日不见;您好吗
祝贺礼貌用语	祝您节日快乐;祝您生意兴隆;恭喜发财
告别礼貌用语	晚安;明天见;祝您一路平安;欢迎下次光临
征询礼貌用语	需要我帮您做些什么吗;您还有别的疑问吗;如果您不介意,我可以……;麻烦您,请您……;您需要……吗
应答礼貌用语	不客气;这是我应该做的;请多多指教;我马上就办;非常感谢
道歉礼貌用语	打扰您了,请原谅;实在对不起;让您久等了;请不要介意;是我们的错,对不起;做得不到的地方,请您原谅;不好意思,打扰一下
推托礼貌用语	很遗憾;承您的好意,但是……;对不起,这事不好办

(1)要自己主动。
(2)不要一边谈话一边做其他事情。
(3)常带微笑,明快的声音。
(4)注视对方眼睛后再鞠躬。

(五)称呼礼仪

在商务活动中,恰当地使用称谓,是社交活动中的一种基本礼貌。称谓要表现尊敬、亲切和文雅,使双方心灵沟通、感情融洽,缩短彼此距离。正确地掌握和运用称谓,是人际交往中不可缺少的礼仪因素。

(1)常用称谓:大哥。
(2)职务称呼:以交往对象的职务相称,以示身份有别、敬意有加,如"李经理",这是一种常见的称呼。
(3)职称称呼:对于具有职称者,尤其是具有高级、中级职称者,如"王教授"。
(4)行业称呼:如老师、医生、会计、律师等。
(5)性别称呼:如"小姐""女士"或"先生"。"小姐"是称未婚女性,"女士"是称已婚女性。

(六)握手礼仪(图1-19)

握手是汽车销售顾问日常工作中最常用的礼仪。与人握手时,主人、年长者、身份地位高者、女性先伸手,客户、年轻者、身份职位低者及男性应先问候,待对方伸手后,上身前倾,两足立正,距离对方一步,双目注视对方,面带微笑,右手四指并拢,拇指张开伸出,握手用力不宜过大,时间不宜过长,一般3s左右即可。

(1)男士掌位,整个手掌,如图1-19a)所示。

(2)女士掌位,食指位,如图1-19b)所示。

(3)男女掌位,握手应握女士手指部分或手掌三分之一处,如图1-19c)所示。

顺序:上级在先、主人在先、长者在先、女性在先。

时间:一般在2~5s为宜。

力度:握手力度不宜过猛或毫无力度。

表情:要注视对方并面带微笑。

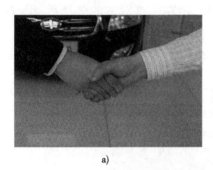

a)

b)

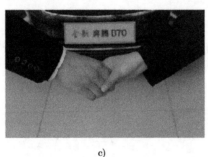

c)

图1-19 握手礼仪

(七)名片礼仪(图1-20)

名片是工作过程中重要的社交工具之一。通常使用的名片包含两个方面的意义,一是标明你的姓名、联系方式;另一个是标明你所在的单位、职务及承担的责任。

1. 名片的准备

(1)名片不要和钱包、笔记本等放在一起,原则上应该使用名片夹。

(2)名片一般放于公事包里,也可放在上衣口袋里,但不可放在裤兜里。

(3)要保持名片或名片夹的清洁、平整。

2. 递名片

(1)用双手的大拇指和食指握住名片,正面且名字要面向接名片的人,同时还要轻微鞠躬,如图1-20a)所示。

(2)递名片的次序是由下级或访问方先递。

 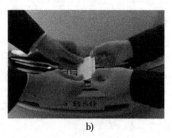

a)   b)

图1-20 名片礼仪

(3)递名片时,应说些"请多关照""请多指教"之类的寒暄语。

(4)互换名片时,应用右手拿着自己的名片,用左手接对方的名片后,用双手托住,如图1-20b)所示。

(5)互换名片时,要看一遍对方职务、姓名等。

3. 接名片

(1)接到他人的名片,应当恭敬地双手捧接,并表示感谢。

(2)接到别人当面递上的名片后,一定要看一遍,不清楚的地方可以请教。

(3)不可将对方名片漫不经心地丢在一边。

二、任务实施

(一)任务目标

(1)能说出微笑、手势、鞠躬、问候、称呼、握手、名片等相关礼仪常识。

(2)能熟练运用礼仪标准应对汽车销售流程各种情景。

(二)工作准备

1. 硬件资源准备

(1)实践环境:模拟4S店展厅实训室。

(2)设备:实训用车辆。

(3)工具和材料:车型配置表等车辆产品资料。

2. 软件资源准备

名片、产品资料、宣传册、销售文件、销售工具、服务接待礼仪考核表。

(三)注意事项

(1)工作时间穿着公司要求的统一服装。

(2)工作牌要佩戴在上衣的左胸上方并保持水平,不歪斜。

(3)在岗时,应精神饱满,表情自然,面带微笑。

(4)遵守厂家或4S店的其他工作要求。

(四)工作内容

展厅经理通过观察销售顾问接待时的服务礼仪,按照《服务接待礼仪考核表》做出评分,见表1-4。

服务接待礼仪考核表　　　　　　　　　　　　　　　　　　　表1-4

项目	检查标准	没有完成	有待提高	良好
见面礼仪	在展厅门口,主动上前迎接、鞠躬15°(伸直腰、脚跟靠拢、双脚尖处微微分开,目视对方。然后将伸直的腰背,由腰开始的上身向前弯曲),立即微笑着说:"您好,欢迎光临"××4S店"			
名片礼仪	按名片正面,且名字正对客户的方向,用双手的大拇指和食指握住名片,同时还要轻微鞠躬将名片递给客户,说:"这是我的名片,我是今天为您服务的××,很高兴能为您服务,请问您怎么称呼?"如客户有名片,双手恭敬地接过客户的名片,认真仔细地阅读名片,将名片放置在包中或名片夹内			
握手礼仪	握手时,相距1m,上身微微前倾,手臂自然弯曲,表情自然、面带微笑,眼睛注视对方,稍事寒暄。握手力度不宜过猛或毫无力度,握手时间不宜过长,一般为1~3s,轻轻摇动3下			
交谈礼仪	称呼客户(根据名片或客户自己的介绍),并进行简单的寒暄让客户感觉到亲切感(如:您今天是从哪里过来的,怎么过来的,喜欢喝点什么,等)寒暄过程中运用礼貌用语			
手势礼仪	引领客人应站在左边,左手自然弯曲五指并拢指向前方道路,右手自然背在身后,站在离客人0.5m的距离,同时身体向内侧倾斜,嘴上说着:"这边请",不得与客人同肩;指物时五指自然并拢,手掌摊开,掌心斜向上,以肘关节为轴指向客户欲往之处。根据上、中、下目标,使用上面标准手势指向目标;向远距离的人打招呼时,伸出右手,右胳膊伸直高举,掌心朝着对方,轻轻摆动			
检查人:	检查日期:　　　　　　　展厅经理:			

三、学习拓展

上汽大众销售顾问小赵随同销售经理王经理等一行6人去参加车展,车展博览会上需要小赵运用服务礼仪标准接待前来看车的客户,通过良好的专业服务礼仪,促成客户购车意向。

这是一项具有挑战性的任务,你需要对车展展厅布局和客户来店进行分析,从而确定工作步骤:

(1)观看展厅与车型摆放的布局。
(2)销售顾问准备好名片、产品资料、销售文件等资料在展厅门口接待客户。
(3)按照服务礼仪要求及标准,对来店客户使用微笑、自我介绍等见面礼仪,向客户递送名片,与客户正确有序进行握手,尊称客户,与之问候寒暄,运用正确的手势引导客户到展厅看车,到休息区查阅产品资料。

四、评价反馈

1. 自我评价

(1) 对本学习任务的学习,你是否满意?
_____

(2) 你能说出 4S 店展厅接待见面、名片、握手、交谈、手势礼仪标准吗?
_____

(3) 你能独立完成对展厅来店客户的接待工作吗?
_____

2. 小组评价

(1) 你们小组在接到任务之后是否讨论如何完成任务?
_____

(2) 你们小组在展示中相互配合的好吗?
_____

(3) 你们小组在展示中是否按照服务礼仪规范要求进行的?
_____

3. 教师评价

(1) 小组综合表现:_____
(2) 优势:_____
(3) 提升之处:_____

学习任务二　客户接待定需求

学习目标

完成本学习任务后,你应当:

1. 能够说出常见客户类型及应对方法;
2. 根据客户的行为和外在表现,分析客户并进行归类;
3. 能说出客户需求分析的方法;
4. 通过与客户交谈,能运用需求分析方法更多地获取客户的需求信息;
5. 结合展厅接待流程,能正确运用需求分析方法进行展厅客户接待工作,并总结出行动要点;
6. 能运用电话接待话术,与新老客户进行活动推介、邀约到店价格、活动询问等业务的开发与跟进;
7. 能根据客户管理标准,划分潜在客户级别;
8. 能建立意向客户档案,结合展厅接待过程,判断出客户的类型,并进行有效的客户跟进。

学习内容

1. 客户类型分析及需求分析方法;
2. 展厅接待前准备事项及展厅接待流程;
3. 电话接待的要求;
4. 电话接待时解答问题及注意事项;
5. 意向客户的判断与识别;
6. 意向客户的管理与跟进。

建议学时:24 学时。

子任务1　接待客户集客源

任务描述

接待客户是销售顾问的日常工作内容之一,面对不同的客户,销售顾问应该如何进行接待,如何分辨客户并采用合适的接待方式迎合客户,就充分体现了销售顾问职业能力和服务水平高低。上午9:00,上汽大众4S店的销售顾问小李在展厅中接待了张先生,张先生一进店就在看凌度轿车,于是,小李不管三七二十一就给张先生开始介绍凌度轿车,小李自认为自己介绍得很不错,可是张先生没过多久就离开了4S店。你认为张先生为什么会离开?如果你是销售顾问,你会怎么做?

一、知识准备

(一)客户类型的分类

由于客户的个性不同,他们的行为可能千变万化。在客户的接待过程中,根据客户的特点,调整接待方式是很重要的,这样就可以更好更快地赢得客户的信任。

1. 支配型客户

支配型客户的特点是做事非常果断,而且一般做出决定以后不容易再改变。销售人员往往可以通过一些细节来判断对方是否是支配型的客户,比如:支配型客户喜欢用祈使句,每句话都较短,声音大,动作有力量且幅度大。

2. 友善型客户

友善型客户的特点是做决定时,非常迟疑,不愿意轻易做决定,不会明显说出自己的意愿。判断这类客户类型的细节是客户说话吞吞吐吐,态度温和,说话反复,眼神飘忽。

3. 情感型客户

这类客户做事情非常果断,要么买,要么不买,但过于喜欢表达、表现,容易冲动,受外界影响较大。判断这类客户的细节主要体现在客户表情丰富,感情外露,语言流畅且充满亲和力。

4. 分析型客户

这类客户的特征是喜欢分析各种因素,做决定时间长,感情不外露。这类客户的细节特征是面部缺乏表情,情感不外露,不喜欢别人夸夸其谈,但会问问题,希望能从销售顾问那里得到准确的数据,而且问题会遍及车辆的各个细节上。

(二)应对客户的技巧

1. 对支配型客户

支配型客户要求得到尊重,同时也希望与水平同自己相同的人打交道,强调身份。遇到这样的客户,尽量找级别较高且具有一定决定权的人来接待,既要体现对对方身份的尊重,同时也可以与对方站在相近的水平线上沟通,避免对方提出较为过分的要求,还可以通过自身的权力比较迅速地满足对方的要求。支配型客户更加看重自己的感觉,而对待价格等的关注度比较低,因此只要是对方觉得自身得到了充分的尊重,在价格与装饰方面都比较容易谈判。支配型客户看起来趾高气扬,但是却是最容易谈判成功的客户。

2. 情感型客户

情感型客户是最容易接近的客户,他们一般心里已经打定主意买或者不买这辆车,但他们依然愿意与销售顾问多交流,不会拒人于千里之外。但是,这类客户也容易跑题,使销售顾问经常感觉无法把握主动,还会浪费很多时间。对待情感型客户要积极把话题引导到汽车上来,不能任由客户跑偏话题,即在对话中介绍车辆独一无二的配置,引领潮流的亮点,如果买了这款车,客户将在朋友圈中成为焦点的存在等,要尽量让客户处于亢奋的状态,不能拖延。这类客户可私下里交流,他们会很愿意介绍新的客户。

3. 友善型客户

对待友善型客户,销售人员要坚定对方的信心,要让客户说话,尽量让客户兴奋起来。可选择从对方亲友的角度出发与客户交流,因为这类客户比较关注自己家人或者身边的朋友,从这个角度比较能找到突破口,让对方开头说出自己的诉求。然后,从对方的角度分析这辆车的优点,要强调这辆车对于家庭的好处,如安全性、舒适性等。不要给这类客户太长的单独考虑时间,尽量能够在客户的兴奋点促成交易。

4. 分析型客户

分析型客户强调数据、强调思考。对待这类客户销售人员要尽量拿出一些数据和以前购车者的情况进行充分证明。一般来说分析型客户会先让销售顾问简单介绍车辆情况,销售顾问要尽量用专业的数据来进行说明,同时要试探对方的态度,让对方说出自己的问题,然后再有的放矢地进行说服,要尽量用数字和事实说服对方。

将客户进行分类是必要的,但是要注意,不能轻易地通过外表来判断,而且无论是哪类客户,销售人员都不能表现出嫌贫爱富的态度,都要进行完善的服务。销售顾问通常容易犯的错误就是武断地判断客户,结果流失很多客户。并非是到店看车的才是客户,每一个我们身边的人都有可能成为潜在客户。

(三)冰山理论(图2-1)

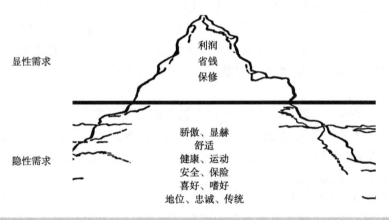

图2-1 冰山理论

1. 显性需求

显性需求是客户知道并且愿意说出来的,就正如冰山露在水面上的那一部分,能直观地了解到的。显性需求一般比较笼统,而且不完整。

2. 隐形需求

隐形需求是客户知道但不愿说出来或并不知道内在需要的需求,正如淹没在水下的冰山,不易被人发现,但是隐形需求往往才是决定消费者消费行为的关键。如:显示自己的身份地位,获得周全的服务。隐形需求一般需要销售人员进一步挖掘。

很多销售人员都认为客户是在买显性的利益而忽视了潜在的利益和深藏的利益。但实际上,挖掘潜在利益和深藏利益才是销售成交的关键。乔布斯曾说:"消费者没有义务去了解自己的需求。"因为客户往往只知道自己的一些感性需求的形容词,比如舒适、安全等,销

售人员要善于把抽象的需求具体化,把隐性的需求显现地强调出来。切忌:不要卖你所能制造的产品,而要卖客户准备购买的产品。这是树立良好销售形象的重要基础。

(四)需求分析的方法

发现客户的理性购买需求可能比较容易,但是如果客户对你不信任,那么他们是不会和你谈论他/她的感性需求的,这就需要销售人员掌握提问和倾听的技巧,挖掘客户的真正需求。

到展厅来的客户会愿意告诉你他们的困惑和需求吗?销售顾问如何探寻客户的需求呢?

1. 观察

(1)客户衣着:一定程度上反映经济能力、选购品位、职业、喜好,但是忌讳以貌取人。

(2)客户姿态:一定程度上反映职务、职业、个性。

(3)客户眼神:可传达购车意向、感兴趣点。如当客户老盯着车尾、车头,有可能欣赏这个造型。

(4)客户表情:可反映出客户的情绪和选购的迫切程度,客户对车的喜好、认可。

(5)随行人员:其关系决定对购买需求的影响力。

(6)交通工具:客户是开车来的吗?自己的车还是别人的车?如果是自己的车,客户是要换车还是给家人再买一辆?如果是开本品牌的车来的,基本可判定这是一个购买意愿很强的客户。如果是打车来的,那也肯定是个很有希望的潜在客户。

2. 提问

想对客户需求做出正确分析,需要通过有技巧的提问了解客户的需求。顾问式需求分析提问法是通过有序的、有逻辑的提问来不断探求客户表面的或者是潜在的需求。

提问技巧通常有两种:封闭式提问和开放式提问。在提问的过程中通常都是两者交互式使用,贯穿提问过程始终。

1)开放式提问(6W2H型)

开放式的提问是能让潜在客户充分阐述自己的意见、看法及陈述某些事实现况,用于收集信息,一般用 What(什么)、When(何时)、Who(谁)、Whom(谁的)、Where(哪里)、Which(哪种)、How(怎么样)、How Many/How Much(多少)来进行提问。

开放式提问可以获得大量信息,了解客户信息越多,越有利于掌握客户的需求。如您什么时候需要用车?

开放式提问的缺点有:

(1)提问方有时候难以得到所期待的回答,难以主导会谈。

(2)对方可能难以掌握问题的主题,以致不愿提供信息。

2)封闭式提问(Yes/No型)

封闭式提问是让客户对某个主题在限制选择中明确地回答的提问方式,即答案是"是"或"否",或是量化的事实问题,一般用"是不是""哪一个""二者择一""有没有""是否""对吗""多少"等进行提问。

封闭式提问适用于获得结论性的问题,提问方容易控制对话的节奏,易于掌握主导权。封闭式提问的缺点有:

(1)提问的语调控制不好的话,容易造成负面影响。

(2)需要更多的提问,才能获取充足的信息。

3)常用提问

(1)开放式问题。

从车型探询:请问需要多大排量。

从价格探询:请问预算大概是多少钱。

从功能探询:请问汽车主要用在哪些方面。

从用途探询:请问购车的用途。

(2)封闭式问题。

从车型探询:请问需要标准型或豪华型。

从价格探询:价格在 10 万元以上或以下。

从功能探询:你大多数是跑长途或短途。

从用途探询:你的汽车是自己开还是带人多。

4)提问举例

探询目的:了解客户对本品牌和产品的了解情况。

销售人员:您想购买什么样的车型呢,两厢还是三厢?

探询目的:针对性的推荐车型。

销售人员:您打算何时购买,您什么时候需要用车?

探询目的:掌握客户买车时间。

销售人员:能问您一点私人问题吗?您工作单位是哪个行业,您购车是商用还是家用?主要是在市区跑吗?

探询目的:了解客户行业用车的特点及车辆的用途便于推荐车型和有针对性的介绍。

销售人员:你打算买什么价位的车呢?

3. 倾听

倾听,应该包括接受有声语言和态势语言,揣摩对方的心思,即察言观色。倾听不仅是耳朵听到声音的过程,而且是一种情感活动,需要通过面部表情、肢体语言和话语的回应,向对方传递一种信息:我很想听你说话,我尊重和关心你。善于倾听是优秀业务人员必不可缺的素质之一。

1)倾听的技巧表现在以下几个方面

(1)创造良好的倾听环境,没有干扰,空气清新、光线充足。

(2)目光接触,精力集中,表情专注,身体略微前倾,认真记录。

(3)用肢体语言积极回应,如点头、眼神交流等和感叹词(如嗯、啊)。

(4)忘掉自己的立场和见解,站在对方角度去理解对方、了解对方。

(5)适度的提问,明确含混的地方。

(6)让客户把话讲完,不要急于下结论或打断。

(7) 将客户的见解进行复述或总结，确认理解正确与否。

2) 客户意见与需求推测（表2-1）

客户意见与需求推测　　　　　　　　　　　　　　　　　　　表2-1

客户意见	需求推测
我看看而已	需要进一步资讯，特殊优惠折扣讯息
这车的油耗多少	重视经济性及实用价值
同样是吉利车，别的地方便宜一些	需要优惠
竞品的同级车比较便宜	品牌品质的优越及价格优惠
说到家人	舒适、安全、内部空间
我自己已经看过很多地方	费用优惠需求

3) 从客户接触中应获取的客户信息

(1) 客户先前在别家汽车展厅或本经销店逛过吗？

(2) 客户是否看中了某一辆特定的车？或者对两三辆车都有兴趣？

(3) 客户选购标准是什么？他特别注意、中意这辆车的哪一项优点？

(4) 客户购车的用途是什么？

(5) 客户对车辆的了解程度是怎样的？

(6) 这位客户以前来过吗？什么原因使他再度光临？以前若不曾来过，什么原因使他进来？

(7) 客户对价格的反应如何？

(8) 是否有谈到新车颜色的选择？

(9) 客户的购车付款方式如何？

(10) 客户预定何时取得车辆？

(11) 这位选购者有决定权吗？你怎么知道的？

4. 需求信息的确认

1) 判断、确认客户的需求

在通过提问和倾听对客户的需求有了初步的了解后，检查你是否已经掌握足够多的客户需求信息，见表2-2。

客户需求信息分析表　　　　　　　　　　　　　　　　　　　表2-2

项　目	了解信息内容	分　析	主攻角度
个人信息	姓名、联系方式	—	—
	职业、职务	品牌/车型	赞美/感情投资
	兴趣爱好	品牌/车型	安全、外形
	家庭成员	—	内部空间/舒适性/安全性
使用车经历	品牌、车型	品牌/车型	同品牌——产品升级
	当初选购的理由	—	不同品牌——品牌价值/品牌口碑/品牌实力
	不满意的因素	品牌/车型	旧车满意之处—— 旧车不满意之处——

续上表

项　目	了解信息内容	分　析	主攻角度
购买愿望	对车辆造型、颜色、装备的要求	品牌/车型	外形/声誉/舒适/安全
	主要用途及年行驶里程	品牌/车型	底盘/安全/舒适/经济/空间/承载
	使用者	品牌/车型	女——时尚/操控便利/健康/舒适/安全/经济 男——操控性/动力性/安全/舒适/声誉
	对产品的了解程度	品牌倾向	品牌价值/品牌口碑/品牌实力
	选购时考虑的主要因素	购买动机	时尚/声誉/安全/舒适/经济/健康/同情心
购买时间	—	重要程度	早买早得益/价格已经最优惠

2）根据确认的需求信息，向客户推荐合适的车型

（1）在适当的时机总结客户谈话的主要内容，并寻求客户的确认。

（2）根据客户的反馈，发掘更深层次的需求；对于已确认的需求，记录在案。

（3）根据客户的需求，主动推荐合适的商品。

（4）适时引导客户进入商品说明和推介阶段，如：您看，那就是样车，我花一些时间给您简要介绍一下，可以吗？

（五）展厅接待

1．展厅接待前准备

展厅接待前需备有下列物品：饮水机、饮品、杯子、糖果、烟、烟灰缸（干净）、雨伞架，电脑、展厅集客量统计表、洽谈记录本、名片、笔。展厅环境如图2-2所示。

查看商品车库存情况（品种、颜色、数量、优惠标准等）及即将到货情况；展厅桌面整理干净，布置装饰品（如鲜花等），保持室内空气清新自然；电脑开机，随时方便输入客户信息或调出客户档案等；销售顾问必须携带工具包（人人配备，随身携带）。

办公用品——计算器、笔、记录本、名片（夹）、面巾纸。

相关资料——公司介绍材料、荣誉介绍、产品介绍、竞争对手产品比较表、媒体报道剪辑、客户档案资料等。

图2-2　展厅环境

销售用工具表卡——产品价目表、新（旧）车协议单、一条龙服务流程单、试驾协议单、保险文件、按揭文件、新车预订单等。

2．展厅接待

1）客户进入展厅时

有客户上门时，销售人员需在30 s内觉察客户来临并趋前打招呼"欢迎光临××展厅（图2-3）"；2 min内与客户进行初步接触；30 s内观察到来的客户，并几秒内在大脑中迅速处理客户的信息，如依据客户的衣着、姿态、面部表情、眼神、肤色等，评估其态度、购买倾向等，

注意不要以貌取人。

与客户目光相遇时,销售人员应点头示意。如客户点头回应,销售人员应即刻走上前进行接待;如果客户视而不见,且直奔展车专注看车,可给客户1~2min的自由看车时间。销售人员应面带微笑,目光柔和地注视对方,以愉快的声调致欢迎词"欢迎光临,我是销售顾问×××,请问有什么可以帮助的吗?"

销售人员与每个来访者必须在2min内打招呼并进行交谈,并可适当地交流一些跟车无关的其他话题,借此打消客户本能的警惕和戒备,拉近彼此心理距离,如图2-4所示。

图2-3 欢迎客户到店

图2-4 主动与客户交流

所有员工与客户目光相遇时皆应友好地点头示意,并打招呼"您好!"良好的第一印象有助于增强客户对品牌、公司和销售人员的信任,为后续放松、深入地交谈奠定坚实基础。

如客户是再次来展厅的,销售顾问应该用热情的言语表达已认出对方,最好能够直接称呼对方,如"张女士,您来了,咦,发型换了,好漂亮啊"等。

2)客户要求自行看车或随便看看时

当客户要求自行看车或随便看看时,销售人员应回应"请随意,我愿意随时为您提供服务",然后撤离,目光在客户所及范围内,随时关注客户是否有需求(图2-5)。在客户自行环视车辆或停在某处10min左右,仍没有对销售顾问表示需求时,销售顾问应再次主动走上前询问"您看的这款车是×××,是近期最畅销的一款,……""请问,……"若未等销售员再次走上前,客户就要离开展厅,销售人员应主动相送,并询问客户快速离开的原因,请求客户留下其联系方式或预约下次看车时间。

图2-5 关注客户需求

3)客户需要帮助时

亲切、友好地与客户交流,准确、自信、充满感染力地回答问题。

客户需要帮助时,销售人员应了解客户购买汽车的相关信息时,要提开放式问题,如您理想中的车是什么样的?您购车考虑的最主要因素是什么?建议开始交流时提一些泛而广的问题,然后转入具体问题。获取客户称谓可以这样询问:"可以告诉我,您怎么称呼吗?"并在交谈中称呼对方(张先生、王女士等)。

主动向客户递送相关的产品资料,为客户看车提供参考,同时照顾好与客户同行的伙伴。注意不要长时间站立交流,适当时机或请客户进入车内感受,或请客户到洽谈区坐下交流,如图2-6所示。

3.客户在洽谈区时

客户在洽谈区时,销售人员应主动提供客户饮用的茶水,递杯时,左手握住杯子底部,右手伸直靠到左前臂,以示尊重、礼貌,如图2-7所示。

图2-6 邀请客户入座

图2-7 为客户递送茶水

这段时间应尽可能多地收集潜在客户的基本信息,尤其是客户的姓名、联系电话等,如请潜在客户填写接洽卡。填写接洽卡的最佳时机是在同客户交谈了一段时间后,而不是见面后立即提出请求。可以说"麻烦您填一下这张卡片,便于今后我们能把新产品和展览的信息通知您。"

与客户交谈,要主动交换名片,通常说"很高兴认识你,可否有幸跟您交换一下名片?这是我的名片,请多关照""这是我的名片,您可以留一张名片给我吗?以便在有新品种或有优惠活动时,及时与您取得联系"等。交谈时,除了谈产品以外,寻找恰当的时机多谈谈对方的工作、家庭或其他感兴趣的话题,建立良好的关系,多借用推销工具,如公司简介、产品宣传资料、媒体报道、售后服务流程,以及糖果、香烟、小礼物等,如图2-8所示。

4.客户离开时

客户离店时,销售人员应放下手中其他事务,陪同客户走向展厅门口,提醒客户清点随身携带的物品以及销售与服务的相关单据。递交名片,并索要对方名片或留下联系方式,预约下次来访时间,表示愿意下次来访时仍由本销售顾问来接待,便于后续跟踪,真诚地感谢客户光临本店,期待下次会面。在展厅门外,挥手致意,目送客户离去,如图 2-9 所示。

图 2-8　向客户推荐产品

图 2-9　送客户离店

5. 客户离店后

客户离店后,销售人员应整理洽谈桌,恢复整齐、清洁的状态;及时整理展车,将展车调整至最初规定位置并进行清洁(图 2-10);当天完成客户信息整理,并在 CRM 系统中建立或更改客户档案,记录下次回访时间,制订下一步联系计划(图 2-11)。可在客户离店后 5min 为客户发送离店短信,如"尊敬的客户您好!感谢您光临××店,很高兴为您服务,欢迎再次到我店赏车试驾。销售顾问××祝您生活愉快!工作顺利!联系电话:139××××××××"。

图 2-10　恢复洽谈区原状

图 2-11　建立客户档案

(六) 电话接待

1. 接听要求

在营业中销售电话铃响三声内必须接听电话,接听电话开始之时必须以普通话并使用统一的问候语:"您好!这里是××汽车销售服务有限公司,销售员××为您服务。"在非营业时间,要将电话设置为"语音提示"状态,铃响三声内有语音提示。接听电话时要求使用普通话,面带微笑,语气平稳,语音清晰,语速中等。接听电话开始之时必须用普通话,只有当客户首先使用方言后,销售员才能使用方言。通话时必须使用统一礼貌用语如"请您稍等""麻烦您"等。转接电话时采用统一用语,同时要注意不可拿着话筒大喊,应该按收线/暂切,再通知接听者。如果接听者不在,要主动询问是否需要转告,或留下联系方式,以便回电,如图 2-12 所示。

图 2-12 电话接待

 提示

接听电话时,应准备好记录所需的资料(来电客户登记表、笔和便笺纸等)。注意应该左手拿电话,右手拿笔,方便记录。

2. 了解客户需求

仔细地聆听客户的问题,不要轻易打断客户的话,在客户停顿间隙引导客户说出要求。主动询问客户的需求,在接听过程中,对重要信息进行重复和反馈。销售电话旁准备好新产品价格表、产品资料、最新产品促销信息、潜在用户登记表、内部通信录、纸和笔,主动询问并记录客户的基本信息。

3. 解答客户问题

要热情地为客户解答问题。统一报价,不允许在电话询价时与客户议价。客户过多地评论竞争对手的优劣时,应根据准备好的产品资料提出产品独有的优点、优势,主动介绍最新的促销信息来吸引客户到展厅看车。迅速了解客户的问题所在,必须答复客户所提出的问题,如果不能立即解答,事后也要主动向客户回复。

4. 询问客户意向

询问客户近期是否有购车的意向,并询问客户对汽车品牌、价格以及其他的偏好。

5. 邀请客户来展厅

在尊重客户意愿的前提下,主动约客户到展厅来看车。要列举到展厅看车的优势,记录好预约的时间,提前一天再次与客户确认其是否会来店。

6. 登记客户信息

将客户信息登记在《来电客户登记表》(图 2-13),并通过手机向客户发送到店看车的邀请短信,如"尊敬的客户您好!感谢您的致电,很高兴为您服务,欢迎您亲自到我店赏车试驾。销售顾问××祝您生活愉快!工作顺利!联系电话:139××××××××"。

图 2-13　登记客户信息

二、任务实施

(一) 任务目标

(1) 按照电话接待要求,拨打和接听客户电话,并邀请客户到店看车。

(2) 在展厅接待中,能够运用需求分析方法获得客户需求信息。

(3) 能够按照接待流程,完整地进行展厅客户接待,并做到服务到位。

(二) 准备工作

1. 硬件资源准备

(1) 实践环境:模拟4S店展厅实训室。

(2) 设备:实训用车辆。

(3) 工具和材料:饮水机、饮品、杯子、糖果、烟、烟灰缸(干净)、雨伞架、电脑、展厅集客量统计表、洽谈记录本、名片、笔、计算器、座机电话等。

2. 软件资源准备

产品资料、展车手册、销售文件、销售工具包。

(三) 注意事项

(1) 展厅接待中要尽量多地获取客户的需求信息。

(2) 接待客户时,要充分运用服务礼仪,初次见面就与客户建立信任关系。

(3) 与客户洽谈时,要巧妙运用需求分析方法充分了解客户的需求信息。

(4) 电话接听前,应准备好记录所需的资料;销售电话铃响三声内应接听电话并主动问好。

(5) 主动询问并记录客户的基本信息,热情地为客户解答问题。

(6) 客户来店进入展厅时、客户在洽谈区、客户离开时、客户离店后,注意区分每个阶段的不同服务环节。

(7) 遵守厂家或4S店的其他工作要求。

(四) 工作内容

1. 电话接待

(1) 制订电话接待话术。设置询问车辆价格、店内优惠活动、车型配置、该车型的竞争车型情况四个常见且具有考验问题作为学习内容。根据班级人数进行分组,2 人/组,每组任务以卡片抽签的方式进行分配,写出本组任务的电话接待话术,见表2-3。

电话接待话术　　　　　　　　　　　　　　　　　　　表2-3

电话接待任务选择 (请在抽取的对应任务后打√)	销售顾问话术	客户话术
任务1:询问价格( ) 任务2:询问活动( ) 任务3:询问车型配置( ) 任务4:询问该车型的竞争车型情况( )	1. 2. 3. 4. 5. ……	1. 2. 3. 4. 5. ……

(2)整理电话接待话术,小组成员分配角色(销售顾问和客户),尝试进行销售顾问接听客户询问产品信息的电话演练。

2.客户需求分析

在与客户交谈时,销售顾问心中应有大体的思路和方法,通过运用需求分析方法充分挖掘客户需求信息,对客户需求信息掌握得越多,那么销售成功的概率就越大。现请你根据客户需求分析表(表2-4)来获得客户的需求信息。

客户需求分析表　　　　　　　　　　　　　　　　　表2-4

需求分析	目标期望	活动关键行为	没有完成	有待提高	良好
引导话题	打开客户的"话匣子"	寒暄,营造轻松氛围,拉近与客户距离			
望(观察客户)	通过观察,能够判断客户的关注重点和隐形需求	衣着、身材、年龄、谈吐、动作等,初步判定其需求			
听(倾听)	注意倾听,以了解更多客户需求	认真倾听,并对其说话做出回应,初步了解需求			
问(沟通、探索需求)	仔细询问,以了解更多客户需求	熟练运用6W2H和赞美沟通技巧,建立信任感			
切(总结确认)	确认客户需求,挖掘更深层需求	总结客户谈话内容,寻求客户确认			

3. 展厅现场接待

(1) 归纳总结展厅接待流程要点。根据班级人数进行分组,2~4人/组,采用小组讨论学习法,归纳总结出展厅接待流程要点,并在表格内记录下来,见表2-5。

展厅接待各流程要点表　　　　　　　　　　　　　　　　　表2-5

序号	展厅接待流程	展厅接待要点
1	客户进入展厅时	
2	客户要求自行看车或随便看看时	
3	客户需要帮助时	
4	客户在洽谈区时	
5	客户离开时	
6	客户离店后	
小组人员:		记录人:　　　　　记录日期:

(2) 归纳整理展厅接待要点,小组成员分配角色(销售顾问和客户),尝试进行销售顾问接待展厅客户。

4. 任务评价标准

各小组可以根据以下的评分标准,检验本组学习效果;也可根据评分标准评价其他小组学习效果,各任务的评价标准如下。

(1) 电话接待考核标准,见表2-6。

A-电话接待考核标准(35分)　　　　　　　　　　　　　　表2-6

考察对象	编号	接待标准	分值	得分
前台接待/销售顾问	A1	电话铃响3声之内是否有人接听(如是彩铃,则确认是15s内是否有人接听)	3	
	A2	电话沟通中是否采用统一问候语,用语中体现厂商品牌和经销商信息	3	
	A3	电话接听时是否使用了礼貌用语	3	
	A4	是否主动询问客户的需求	5	
	A5	是否主动询问客户感兴趣的车型,绝对不要让客户等待超过30s。如果没有办法满足客户的咨询或要求,询问客户迟些给他回电话是否可以,并且确保客户在当天得到回复	5	
	A6	是否询问了客户的称呼和联系电话	5	

续上表

考察对象	编号	接待标准	分值	得分
前台接待/销售顾问	A7	是否主动邀请客户到店看车并预约具体时间,挂掉电话之前,尝试通过以下方式与客户进行预约: (1)提供登门拜访的服务,并建议具体的时间和日期; (2)邀请客户到经销店来,并约定具体的时间和日期; (3)在客户指定的时间段致电客户进行跟进; (4)通过邮寄的方式提供客户感兴趣的产品资料	5	
	A8	结束通话前,销售顾问是否感谢客户的来电	3	
	A9	销售顾问是否等待客户挂断电话后再放下电话(在挂掉电话之前,确保我们已经记录下了客户的:①姓名;②联系电话;③感兴趣的车型;④预约情况;⑤如果需要邮寄资料的话还需要客户的邮寄地址)	3	

(2)展厅接待标准,见表2-7。

B-展厅接待标准(65分) 表2-7

考察对象	编号	接待标准	分值	得分
门卫/引导员	B1	是否向客户致意	3	
	B2	是否主动确认客户来访的意图	3	
	B3	是否主动指引客户去展厅或引导客户停车	3	
	B4	展厅门口是否有接待员/销售顾问及礼貌(包括仪容仪表的规范)的迎接了客户	3	
接待员/销售顾问	B5	销售顾问是否在进门接待时主动向客户介绍自己的姓名及职务	5	
	B6	谈话过程中销售顾问是否询问客户的姓氏来尊称客户	5	
	B7	销售顾问是否尊重客户的意愿,给客户充分的空间	5	
	B8	销售顾问是否一直专心接待客户	5	
	B9	销售顾问是否在接待时主动向客户及同行人员双手递交名片	5	
	B10	工作人员是否主动告知可供选择的饮品种类,并询问客户的选择	4	
	B11	提供的饮品是否有选择(一般2种热饮和2种冷饮)	4	
	B12	销售顾问礼貌送别(天气好时送客户到展厅正门台阶;雨雪天或阳光猛烈天气下,没开车的话询问是否代为叫出租车,并为客户撑伞,送至车上/销售店出口处)	5	
	B13	销售顾问感谢客户来店赏车,并向客户说再见,再次双手递上销售顾问的名片	5	
	B14	销售顾问挥手致意,目送客户离开	5	
	B15	在客户离店5min内销售顾问是否给客户发送公司的标准短信。内容是:尊敬的客户您好!感谢光临××店,很高兴为客户服务,并欢迎再次到我店试乘试驾。销售顾问××祝客户工作愉快!吉祥如意!联系电话:139×××××	5	

三、学习拓展

江华是某公司的一名市场部经理,今天独自一人来奥迪店看车,希望购买一辆车,方便自己工作和生活的需要。现需要你按照展厅接待要求接待来店看车客户江华,这是一项具有挑战性的任务,你需要对展厅接待进行分析,从而确定工作步骤:

(1)制订展厅接待实施方案。

(2)结合情景,组织准备接待话术,汽车商务软件操作,提前进行预演。

(3)进行展厅接待模拟演示(接待礼仪、接待流程、服务意识等)。

四、评价反馈

1. 自我评价

(1)对本学习任务的学习,你是否满意?
___

(2)你能说出4S店电话接待与展厅接待的标准吗?
___

(3)你能独立完成展厅接待客户的工作吗?
___

(4)你能独立完成电话接待客户的工作吗?
___

2. 小组评价

(1)你们小组在接到任务之后是否讨论如何完成任务?
___

(2)你们小组在电话接待中是否为客户解决问题,邀约客户到店看车?
___

(3)你们小组在对展厅接待客户过程中是否有明确的分工,相互配合得好吗?
___

3. 教师评价

(1)小组综合表现:___

(2)优势:___

(3)提升之处:___

子任务2　客户跟进要及时

 任务描述

客户首次到店一般不会立即成交,客户离店后要继续把握客户的意向,就需要通过电话跟进等方式对客户进行持续跟进。不同客户有不同需求,不同客户购买意向也不一样,这就需对客户进行分类管理,做到客户跟进有条不紊。

今天下午16:00,客户王先生离店后,销售顾问李新电话跟进客户,建立潜在客户档案,并根据客户级别制订跟踪计划,适时跟踪。

一、知识准备

(一)意向客户

意向客户就是还未达成交易,但表达了交易意向的客户。意向客户又称潜在客户,也可能就是未来的客户。销售人员要仔细对意向客户进行考察分析,对有需求、有购买力、有决定权的意向客户加强联系,进行引导、培育、帮助,使之最终成为有效的客户。

在意向客户的管理中有一种理论称为"销售漏斗"理论,又称做销售管道(Sale Pipeline),它是一个形象的概念,是对销售过程控制的重要分析工具。销售漏斗(图2-14)通过对销售阶段的分析能够掌握销售的进展情况,是对销售过程的量化的管理方法。它适合汽车、房产等销售流程比较规范、周期比较长、参与的人员比较多的复杂销售过程的管理。

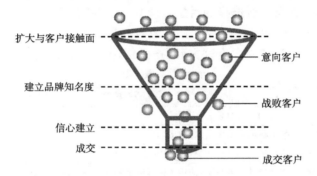

图2-14 销售漏斗

销售漏斗的顶部是有购买需求的意向用户;漏斗的上部是将本企业产品列入候选清单的意向用户;漏斗的中部是将本企业产品列入优选清单的意向用户(如两个品牌中选一个),漏斗外是经过筛选后或跟踪过程中战败的客户;漏斗的下部是基本上已经确定购买本企业的产品只是有些手续还没有落实的意向用户;漏斗的底部就是我们所期望成交的用户。通过这种管理,汽车销售人员能够对自己所接待的客户进行意向客户的筛选和分析,从而提高成交率。

(二)客户判断方法

1. 利用MAN法则判断客户级别

MAN法则认为客户是由金钱(Money)、权力(Authority)和需要(Need)这三个要素构成的。

一是该意向客户是否有购买资金M(Money),即是否具有消费此产品或服务的经济能力,也就是有没有购买力或筹措资金的能力。

二是该意向客户是否有购买决策权A(Authority),即你所极力说服的对象是否有购买决定权。在成功的销售过程中,能否准确地了解真正的购买决策人是销售的关键。

三是该意向客户是否有购买需要N(Need),在这里还包括需求。一方面,需要是指存在于人们内心的、对某种目标的渴求或欲望,它由内在的或外在的、精神的或物质的刺激所引发;另一方面,客户需求具有层次性、复杂性、无限性、多样性和动态性等特点,它能够反复地激发每

一次的购买决策,而且具有接受信息和重组客户需要结构并修正下一次购买决策的功能。

只有同时具备购买力(Money)、购买决策权(Authority)和购买需求(Need)这三要素,才是合格的客户。现代推销学中把对某特定对象是否具备上述三要素的研究称为客户资格鉴定。客户资格鉴定的目的在于发现真正的推销对象,避免推销时间的浪费,提高整个推销工作效率。

2. MAN 法则的具体内容分析

购买需求(Need)鉴定是客户资格鉴定的首要项目,客户是否存在需要,是推销能否成功的关键。显然,如果对方根本就不需要推销人员所推销的产品或服务,那么,对其推销只会是徒劳无功。需要说明的是,需求是可以创造的。现代推销工作的实质,就是要探求和创造需求。随着科技发展和新产品的大量问世,客户中存在大量尚未被认识的需求。此外,客户中往往也存在出于某种原因暂时不准备购买的情况,对于这样两类情况的客户,推销人员不应简单地判断并作出决定。

3. 利用 MAN 法则寻找意向客户的原则

在寻找意向客户的过程中,可以参考以下"MAN"原则(表2-8)。

M:MONEY,代表"金钱",所选择的对象必须有一定的购买能力。

A:AUTHORITY,代表购买"决定权",该对象对购买行为有决定、建议或反对的权力。

N:NEED,代表"需求",该对象有这方面(产品、服务)的需求。

"MAN" 原 则   表2-8

客户购买要素	客户资格鉴定
M + A + N	有望客户,理想的销售对象
M + A + n	可以接触,配上熟练的销售技术,有成功的希望
M + a + N	可以接触,并设法找到具有 A 之人(有决定权的人)
m + A + N	可以接触,需调查其业务状况、信用条件等给予融资
m + a + N	可以接触,应长期观察、培养,使之具备另一条件
m + A + n	可以接触,应长期观察、培养,使之具备另一条件
M + a + n	可以接触,应长期观察、培养,使之具备另一条件
m + a + n	非客户,停止接触

注:表中字母分别代表 M(有购买力);A(有决定权);N(有需求);m(无购买力);a(无购买力);n(无需求)。

4. 客户级别判定与跟踪(表2-9)

客户级别判定与跟踪   表2-9

客户级别	判断标准	购买周期	跟踪频率
O 级(订单)	购买合同已签 全款已交但未提车 已收订金	预收订金	至少每周一次维系访问
H 级	车型车色、型号已选定 已提供付款方式及交车日期 分期手续进行中	7 日内成交	至少每两日一次维系访问
A 级	车型车色、型号已选定 商谈付款方式及交车日期 商谈分期付款手续 要求协助处理旧车	7 日以上~15 日以内成交	至少每4日一次维系访问

续上表

客户级别	判断标准	购买周期	跟踪频率
B级	已谈判购车条件 购车时间已确定 选定下次商谈日期 再次来看展示车辆 要求协助处理旧车	15日以上～一个月内成交	至少每周一次维系访问
C级	购车时间模糊 要求协助处理旧车	一个月以上时间成交	至少每半月一次维系访问

(三)意向客户跟进方式与技巧

1. 客户跟进的方式

80%的客户是在跟进中实现销售的,所以恰当的跟进方法和技巧可以大大提高汽车销售成交率。常见的客户跟进方式有电话、实地拜访、电子邮件或网络聊天、信件等。选择方式应注意以下两点。

(1)男女有别,对待男女客户应该采用一些不同的方法。例如,男性客户可以采用打电话事先寒暄一下,平时可以发一些搞笑的短信、发邮件交流等。而女性客户则可以发一些温馨祝福的短信,但要注意把握尺度。

(2)根据客户年龄的不同采取不同的方法。例如,对年龄大的客户,销售人员一定要表现出自身的素质和修养,要成熟和稳重;对比较年轻的客户,销售人员可以适当地随意一些,这样比较容易拉近距离,形成比较亲近的氛围。

2. 对待不同客户跟进的技巧

在对客户进行跟进时销售人员不能急于求成,不分时间、地点地催促客户,这样只会弄巧成拙,让客户感觉你是在急于寻找客户,每次跟进一定要有一个好的跟进中心思想,比如以建立关系和好感为中心的问候性追踪,以解决客户疑虑为中心的跟进。对不同客户宜采取不同方式。

(1)有兴趣购买的客户:对此类客户应加速处理,积极地电话跟进、沟通,取得客户的信任后,尽快将客户过渡到下一阶段。

(2)考虑、犹豫的客户:对待此类客户,此阶段的目的就是沟通、联络,不要过多地推销产品。销售人员要使用不同的策略与客户沟通,了解客户的需求、兴趣,拉近与客户的距离,通过几次电话沟通,将客户区分为有兴趣购买,近期不买,肯定不买的类型,从而区别对待。

(3)近期不买的客户:销售人员要以建立良好关系为目标与客户沟通,记录客户预计购买此类产品的时间等信息,同时要与客户保持联络渠道的畅通,在客户需要的时候可以与公司或与本人联系。

(4)肯定不买的客户:此类客户一般态度比较强硬,在沟通中,一定要排除客户的心理防线,然后了解客户不购买的原因,如果有产品功能方面的问题,一定要为客户做好解释,如果是购买力问题,可以为客户提供贷款方案。

3. 电话跟进的技巧

(1)准备工作。

查阅潜在客户信息档案,谈话要点准备(围绕要达到的目的及这个电话对客户的价值所在),客户可能搪塞或拒绝的理由有哪些,准备好相应的解释或化解方法以及记录用的笔记本等相关材料及产品资料;销售顾问需依据客户相关信息做好事先准备、谈话要点、礼貌、简洁、清晰地说明打电话的目的。

(2)拨打电话。

移动电话:先称呼对方并问候,再陈述公司名称及自己的姓名,如"汪经理您好!我是××经销商的销售顾问××,您还记得吗?上周六您到我们公司看过……。"

固定电话:先问候及确认对方,称呼并问候,再陈述公司名称及自己的姓名,如"您好!请问汪经理在吗?……汪经理您好!我是××经销商的销售顾问××……。"

询问对方是否有时间与您交谈,简洁、清晰地说明打电话的目的,礼貌用语是赢得客户的关键。

(3)注意事项。

电话中不宜喋喋不休地谈论车的具体性能特点,应争取获得面谈或试驾等机会。对于客户谈及的主要内容,应随时记录,并在谈话结束前进行总结确认。感谢客户接听电话,并等客户先挂断电话后,再挂电话。

总之在客户跟进时要保持积极的心态,按照规范的流程根据客户的实际情况进行有针对性回访。适当运用一些回访的技巧,可以使我们意向客户的管理与跟进工作事半功倍。

二、任务实施

(一)任务目标

(1)利用 MAN 法则判断客户级别,寻找意向客户。

(2)以电话跟进方式实施意向客户跟进,填写意向客户跟进表,建立意向客户档案。

(二)准备工作

1. 硬件资源准备

(1)实践环境:模拟 4S 店展厅实训室。

(2)设备:实训用车辆。

(3)工具和材料:电脑、洽谈记录本、笔、座机电话等。

2. 软件资源准备

产品资料、展车手册、销售文件、销售工具包。

(三)注意事项

(1)根据客户级别的判断标准与购买周期,确定客户跟踪频率。

(2)按照规范的流程,结合客户的实际情况,适当运用一些回访的技巧,进行有针对性回访。

(3)遵守厂家或 4S 店的其他工作要求。

(四)工作内容

(1)销售顾问李新给客户王先生打电话,实施客户跟进,填写意向客户跟进表(表 2-10),建立意向客户档案。

(2)将跟进和访问内容内容填写到表 2-10。

客户意向跟进表　　　　　　　　　　　　　　　　表2-10

A类1个月内☐　B类2个月内☐　C类3~6个月内☐　　　　编号：

意向客户跟进表

销售服务店名称：　　　　　　　　　　　　填表人：

第一次建表日期：____年____月____日星期____　　付款方式：___一次性/按揭___

客 户 信 息			
客户姓名：　　性别：　　客户现有车型：　　　　　　品牌/车型：			
客户情况简介(年龄/职业/爱好/收入/特征)：	手机/电话/传真：		
^	详细地址：		
^	邮编：		
^	意向车型/价格：		意向颜色：
客户信息来源：☐来电　☐来店　☐广告　☐走访　☐DM　☐市场推广　☐介绍(介绍人)_____　☐其他			
所在区域：　A　　B　　C　　D　　E　　F			
其他考虑车型：　　　品牌：　　　车型：　　　车次购买原因：☐新购　☐新增　☐替换　☐其他			
因素	价格适宜　造型美观　售后服务　安全性　发动机　耗油量　空间适宜　装备优越　加速性能　操控性能		
跟进进度	☐初访　☐展示　☐试驾　☐车型　☐颜色　☐价格　☐签约　☐交车		
跟进访问内容			
初次(　　年　　月　　日)洽谈印象			
洽谈情况：	结果：		
	下次跟进时间：　　月　　日		
第二次(　年　月　日　点)访问方式：	第三次(　年　月　日　点)访问方式：		
情况(尽量引导客户提问)：	情况(尽量引导客户提问)：		
结果：	结果：		
客户级别变化：　　　下次跟进时间：	客户级别变化：　　　下次跟进时间：		
销售经理(主管)确认及建议(定期或随机检查)			
填写人员：_____时间：			

填表说明

使用目的:协助销售顾问记录与客户的销售跟进情况,以便指导销售顾问分析客户状态,做好长期跟进。方便销售经理(主管)检查销售跟进质量,并做出工作指导建议。填写人:销售顾问填写,由销售经理(主管)随机检查,给予建议。使用频率:每日使用,单一客户一张跟进表。编号(各家公司自行规定编号规则)建卡年月日(如:2005年8月8日记为050808)因素:客户购车主要因素重要性排序(用1、2……表示关注的重要程度由高到低)。客户不关注的因素可空白不填。跟进进度:每完成一步,打"√"确定。洽谈情况:填本次跟进情况和过程要点。结果:填写下次跟进策略和目标,并和客户预约下次跟进时间。初次跟进在建卡的次日进行,对客户的级别进行再确认,并在表头的客户级别中标注。以后的跟进要重新判断客户级别,有变化的在表中注明,同时更正表头的级别标注。客户级别变化。如:B→A 业务洽谈结果:只有成交和未成交,在相应的结果上划"√"原因分析:对于未成交的高级别客户(A、B级)要总结失败原因,要更多地从自身查找失败的原因(自己控制区内的因素)。销售心得:对于成功的典型案例,也要从销售体会的角度进行总结,以便下次发扬。销售经理确认及建议,销售经理(主管)定期或随机进行检查,要求三次回访后必须检查一次,以便及时予以指导。跟进终结后,必须给予确认和建议,帮助销售人员总结经验教训,扬长避短。

三、学习拓展

2018年8月31日至9月9日在成都世纪城新国际会展中心举行车展,上汽荣威在3号展馆参展。荣威品牌旗下多款重磅产品如全球首款"电动智能超跑SUV"荣威光之翼MAR-VEL X、全国热销的全球首款纯电动互联网休旅车荣威Ei5、全球首款插电混动互联网轿车荣威ei6、纯电动互联网SUV荣威ERX5等新能源车型,以及全球首款量产互联网汽车荣威RX5、实力派互联网SUV荣威RX3、全领域大7座智联网豪华SUV荣威RX8等车型同台展出。

当天工作结束,销售顾问将对车展现场未成交的客户进行跟进。

你需要对意向客户进行识别与管理,电话跟进客户,填写意向客户跟进表。工作步骤如下:

(1)整理出意向客户,划分意向级别。

(2)跟进当天所记录的客户类型,选择合适的客户跟进方式,适当运用一些回访技巧,进行电话跟进。

(3)真实详细地填写电话洽谈情况等信息,以便后续再次跟进客户。

(4)对于未成交的高级别客户(A、B级)进行总结,更多地从自身查找失败的原因,总结经验。

四、评价反馈

1. 自我评价

(1)对本学习任务的学习,你是否满意?

_____

(2)你能区分客户级别,并说出判断客户级别的原因吗?

_____

(3)你能针对客户级别跟进客户,让客户最终选择你为他服务吗?
_____
_____

(4)你能填写意向客户跟进表吗?
_____
_____

2. 小组评价
(1)你们小组在接到任务之后是否讨论如何完成任务?
_____
_____

(2)你们小组在对意向客户跟进过程中是否有明确的分工,相互配合的好吗?
_____
_____

(3)你们小组在客户跟进过程中是否按照严格按照规范流程和客户实际情况进行有针对性的回访?
_____
_____

3. 教师评价
(1)小组综合表现:_____
(2)优势:_____
(3)提升之处:_____

学习任务三　车辆推介看技巧

学习目标

完成本学习任务后,你应当:

1. 运用展厅的资源及工具,能维持展厅静态展示车辆的干净、整洁,保证符合标准;
2. 通过观察展厅车辆,结合所学知识,能准确划分汽车的六个方位,并能列出各方位所包含的全部配置;
3. 能灵活运用FAB介绍法,对车辆配置进行描述;后期通过训练,能脱口而出;
4. 利用网络查阅汽车相关资料,能说出畅销车型的竞品车,并能说明理由;能运用所学知识规范完整地向客户介绍所推荐车辆;
5. 能按照六方位绕车方法,采用汽车专业术语,撰写车辆的推介词,提高书面表达能力;
6. 根据撰写的车辆推介词,流利顺畅地介绍所推介的车辆;
7. 通过训练,能说服客户接受所推介的车辆,锻炼自己的说服能力、承压能力和应变能力。

学习内容

1. 车辆静态展示的内容;
2. 车辆配置介绍的FAB话术;
3. 认识车辆六方位及各方位配置;
4. 应对竞品的技巧;
5. 六方位绕车介绍词的撰写;
6. 向客户推介汽车的注意事项。

建议学时:24学时。

子任务1　静态展示引关注

任务描述

　　展厅内车辆的规范摆放、清洁与维护是销售顾问的每日工作内容之一,良好有序的展厅能为客户营造良好的购车环境。作为新入职上汽大众4S店的销售顾问,请你在早会结束后,按要求对展厅内车辆摆放进行规范性检查,并对车辆进行日常清洁与维护。

一、知识准备

(一)车辆摆放

1. 展车数量及类型

展厅内按照厂家零售标准检查要求摆放车辆。特殊情况由展厅经理进行调配。摆放展车以高配车型为主,根据每月促销活动,由展厅经理对展厅车辆进行调整,如图 3-1 所示。

2. 放置位置

展厅车辆摆放位置也应该按照厂家零售标准检查要求摆放。摆放展车时车辆左侧轮胎应与灰色砖切线对齐,或者轮胎下应该加带有品牌标识的地垫,前后车辆控制在适当距离,车辆右侧摆放车型资料架,如图 3-2 所示。

图 3-1　展车数量及类型

图 3-2　展车摆放

3. 摆放标准

(1)车辆轮胎的标志应与地面垂直,并且轮胎、车轮内衬清洁无灰及泥渍,如图 3-3 所示。

(2)将车内所有塑料防尘套件拆除,包括迎宾踏板和遮阳板等部位,如图 3-4 所示。

图 3-3　展车轮胎

图 3-4　展车内饰

(3)天窗上扬,所有车窗处于关闭状态并保持清洁光亮,如图 3-5 所示。

(4)车内放置同款车型脚垫,禁止摆放纸质脚垫或将其他物品代替,如图 3-6 所示。

图 3-5　展车天窗及车窗　　　　图 3-6　车内脚垫

(5) 行李舱除备胎、工具以及三脚架摆放在规定位置外,禁止存放其他杂物,如图 3-7 所示。

(6) 立牌距离车辆左前轮 60cm,与车辆左(右)前轮标对齐,如图 3-8 所示。

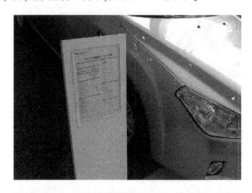

图 3-7　行李舱无杂　　　　图 3-8　展车立牌

(7) 座椅位置调整至最低处并且前后距离适中,左右座椅位置一致对齐,并将前后头枕位置保持在最低处,如图 3-9 所示。

图 3-9　展车座椅

(二) 车辆清洁

(1) 车身外表无手印、水渍以及肉眼可见的灰尘或痕迹,如图 3-10a) 所示。玻璃缝隙以及门把手缝隙处应清理干净,无灰尘,如图 3-10b) 所示。

a) b)

图 3-10 车身清洁

（2）车辆玻璃必须保持整洁光亮，无手印和水渍，如图 3-11 所示。

图 3-11 玻璃清洁

（3）车辆轮胎及内衬必须清洁干净，无泥土、灰尘，如图 3-12a）所示，清洁后上亮油，如图 3-12b）所示。

a) b)

图 3-12 轮胎清洁

(4)车内无灰尘,座椅无污渍、破损,座椅侧面以及迎宾踏板处无灰尘脚印,如图3-13所示。

图3-13　车内清洁

(5)发动机舱无灰尘油渍,肉眼可以看到的地方必须清洁到位,喷涂表板蜡。发动机罩清洁干净无水渍,如图3-14所示。

(6)行李舱中无杂物,内外清洁,缝隙中无灰尘、泥土,如图3-15所示。

图3-14　发动机舱清洁　　　　　　　　图3-15　行李舱清洁

(7)前后牌照架处粘贴对应车辆铭牌,要求铭牌干净无胶痕,如图3-16所示。

a)　　　　　　　　　　　　　　　　　　　　b)

图3-16　前、后铭牌

(三) 车辆维护

1. 顾问责任

展厅车辆第一责任人为对应销售顾问,检查责任人为小组长。整体的负责及抽查责任人为展厅经理。

2. 清洁时间

展厅车辆在每日晨会和下午 13:30 后进行清洁检查,每日两次定时清洁时间以及在有客户看车后不定时清洁。

3. 车辆充电

展厅车辆应保证每日电量充足,每日晨会后清洁时对车辆进行着车充电,每三天对展车进行一次外接充电,外接充电安排在 18 时后。

4. 车辆燃油

展厅车辆燃油应保持每辆车有一定量燃油(一般不超过 10L),库管保证展厅每日有 30L 备用燃油,防止展车因燃油不足无法演示或移动。

二、任务实施

(一) 任务目标

(1)根据展厅车辆摆放原则和要求,按照 4S 店展车的清洁标准,独立清洁、整理展车。
(2)按照展厅要求,对展车在营业中和营业后两个时段进行使用维护。

(二) 准备工作

1. 硬件资源准备

(1)实践环境:模拟 4S 店展厅实训室。
(2)设备:实训用车辆。
(3)工具和材料:车辆铭牌、立牌、泡沫清洁剂、干毛巾、专用抹布、小毛刷等清洁工具、燃油、外接充电车等。

2. 软件资源准备

产品资料、展车手册、销售文件、销售工具包。

(三) 注意事项

(1)对展厅车辆的位置调整需要征求展厅经理的同意。
(2)对展厅车辆调整摆放时,要确保周围无客户或其他人员,必要时,要请其他销售顾问或其他工作人员辅助指挥,才能起动发动机移动车辆以确保安全。
(3)对展车进行清洁工作时,要确保车辆处于驻车熄火状态,冷车状态下清洁。
(4)清洁发动机时,主要是清理灰尘和污垢,不要随意扳动车辆部件和线路,防止损坏。
(5)为展车进行充电或添加燃油时,一定要在展厅主管或经理的指导下进行。
(6)遵守厂家或 4S 店的其他工作要求。

(四) 工作内容

对比所学知识,结合在 4S 店实地参观的经历:
(1)按照《车辆维护责任表》主动维护车辆,并记录维护情况,见表 3-1。

展车维护责任表　　　　　　　　　　　　　　　　　　　　　表 3-1

车　位	车　型	责　任　人	时　间

（2）观察新放入的车辆摆放是否合理，不合理则进行调整。并将观察结果填写在《展厅车辆摆放检查对照表》的对应位置，见表 3-2。

展厅车辆摆放检查对照表　　　　　　　　　　　　　　　　　表 3-2

检查项目	是	否	整改项目
（1）车辆内放置的原厂脚垫要时刻保持清洁、无污迹			
（2）车身应当一尘不染，没有灰尘、水印或指印			
（3）展车前后安装统一的车型铭牌，整洁、水平，无遮挡、覆盖			
（4）车漆上蜡，保持闪闪发光			
（5）玻璃内外都应当像水晶一样透明，没有灰尘、水印或指印			
（6）整车内部没有任何保护膜			
（7）前排座椅调整至最低的位置，靠背调至 B 柱，方便客户进入			
（8）头枕都应当处于初始位置			
（9）安全带应当正确地缩进到位，处于平整状态			
（10）转向盘回正，且位置处于初始状态			
（11）轮胎没有污渍并且上蜡，表面光亮、漆黑。轮胎花纹内干净，不能夹带石子或其他杂物。内轮弧干净，无泥沙、灰尘等。轮毂崭新、光洁，且 标志竖直朝上			
（12）发动机舱内干净、整洁			
（13）展车制动盘无锈迹			
（14）底盘(包括排气尾管)清洁，无油污、泥土、锈迹等			
（15）行李舱整洁，无杂物、毡垫、备胎及其他标配工具摆放整齐、固定到位			

续上表

检查项目	是	否	整改项目
(16)不同的颜色车辆应当组合在一起以避免单调的视觉感			
(17)每周变换车辆的摆放位置,以造成销售活动频繁的感觉			
(18)展车配置、功能均能正常演示			
(19)展车内时钟保持与当地标准时间一致			
(20)展车内无异味			
(21)展车内音响设置音量适中			
(22)车内放有符合汽车风格的CD音乐			
(23)只要车型配备允许,将当地常用广播电台存为快捷键,以便迅速为客户展示喜欢的电台。所有车的存储序列一致,便于记忆			
(24)蓄电池电力充足(禁止在营业时间内对展车充电)			
(25)全车电动门窗处于关闭状态(非锁死状态,敞篷车型除外)			
(26)在展厅内,禁止对展车起动发动机、鸣笛、换挡操作等项目进行演示			
(27)在完成车辆展示且客户离开展车后,应即刻将展车恢复到标准状态,并进行相应整洁清理工作			
备注:此表应由销售助理/销售顾问执行,销售经理或行政部随时检查			

检查人:　　　　　　　　检查日期:　　　　　　　　展厅经理:

三、学习拓展

凌度轿车,是大众汽车新上市的一款车型,你工作的4S店要将其作为主推车型。现需要你按照展厅摆放要求将其放入展厅,并按要求进行车辆清洁和日常维护工作。

这是一项具有挑战性的任务,你需要对销售展厅进行分析,从而确定工作步骤。

(1)观看各展位的布局,结合厂家要求和4S店活动及新车型上市等信息,确定凌度轿车的具体摆放位置。

(2)确定具体位置后,根据厂家的摆放标准,将凌度轿车按要求摆放到展位上;并确保展车处于展位的中心位置。

(3)按照要求及标准,在确保安全前提下,规范对展车进行清理、清洁等工作。

(4)将相对应的车辆铭牌、立牌、资料等相关物品及文件规范摆放。
(5)对凌度轿车的摆放位置和清洁情况进行最后的检查。

四、评价反馈

1. 自我评价
(1)对本学习任务的学习,你是否满意?
_____
(2)你能说出4S店展厅车辆摆放、清洁以及维护标准吗?
_____
(3)你能独立完成对展厅车辆的检查工作吗?
_____
(4)你能对不符合展厅清洁或摆放标准的车辆进行调整吗?
_____

2. 小组评价
(1)你们小组在接到任务之后是否讨论如何完成任务?
_____
(2)你们小组在对车辆检查过程中是否有明确的分工,相互配合的好吗?
_____
(3)你们小组在对车辆检查过程中是否按照严格按照7S标准执行?
_____

3. 教师评价
(1)小组综合表现:_____
(2)优势:_____
(3)提升之处:_____

子任务2　绕车介绍有方法

任务描述

客户来到上汽大众4S店,对大众帕萨特轿车非常感兴趣,并且希望进一步了解车辆配置和性能,根据客户的要求,你可以做一个详细的六方位绕车介绍,帮助客户全方位了解汽车,为成功销售奠定产品基础。

一、知识准备

(一)六方位绕车要点

(1)鼓励客户亲自体验,包括看到(车辆外观、线条、漆面等)、听到(音响效果、发动机运转的声音、车内的隔音效果等)、触摸到(漆面做工、车身用料、内饰精致等)、操作到(一键启动、多功能转向盘、换挡拨片等),甚至还可以让客户闻车内的气味,来说明车辆内饰的环保性能,运用情境销售让客户了解汽车产品。

(2)介绍产品应使用客户听得懂的语言,专有名词须加说批注,过多的陌生术语可能会体现汽车销售人员的专业性,但是不利于与客户进行关于汽车产品的沟通。专业化与通俗化力求统一,要根据客户的理解能力和接受程度来决定,如对于女士、非专业人士可以适当通俗一点,对于男士、专业人士可以相对专业一些。

(3)多与客户互动,鼓励客户提问,并耐心回答其关注的问题。介绍车舱时应主动邀请客户实际进入试乘,销售顾问应在门口采用半蹲式,或坐于客户侧边进行介绍。

(4)介绍车辆时应仔细聆听客户反馈意见,了解客户关注重点;避免在洽谈桌上讲解车辆,用实车展示,来调动客户的所有感官(看到、听到、触摸到、操作到)。比如:遥控钥匙可以一键关闭门窗,您试一试,感觉是不是很方便?

(5)展示的内容应对客户有触动,容易引发兴趣,且相对于竞争产品有优势的部分在介绍的时候,语速不宜过快,话题不宜转移太快,要时刻注意客户的反应。

(6)设法使客户同行的伙伴都参与到车辆展示中来,并给予必要的尊重和适度的赞美,他们或许能够加速客户购买进程。

(二)FAB介绍法

1. FAB介绍法的概念及特点

FAB法则,即属性、作用、益处的法则。FAB对应的是三个英文单词:Feature、Advantage和Benefit,按照这样的顺序来介绍,就是说服性演讲的结构,它达到的效果就是让客户相信你的产品是最好的,即详细介绍所销售的产品如何满足客户的需求,如何给客户带来利益的技巧。它有助于更好地展示产品,提高客户的购买欲望,使客户对产品有深入的认识。

1)属性(Feature)

这个单词需要注意,经常把它翻译成特征或特点,而且很多销售人员至今还把它翻译成特征或特点。特征,顾名思义就是区别于竞争车型的地方。当介绍产品且与竞争车型的产品进行比较时,就会让客户产生一定的抵触情绪。原因是什么?因为在销售的FAB中不应把Feature翻译成特征或特点,而应翻译成属性,即产品所包含的客观现实、所具有的属性。比如,发动机是铝合金材料做的,铝合金做的就是产品所包含的某项客观现实、属性(Feature)。

2)作用(Advantage)

很多销售人员把它翻译成了优点。优点就是竞争车型好的方面,这自然会让客户产生更大的抵触情绪,因为销售所面临的竞争车型非常多,相似的产品也很多,所销售的产品不可能比所有的产品都好。现实中的每一个产品都有各自的特征,当介绍产品的某个功能比竞争车型好的时候,客户就会产生非常大的抵触情绪。实际上,在销售中把A(Advantage)翻译成作用会更好一些,作用(Advantage)就是能够给客户带来的用处。

3)益处(Benefit)

益处就是给客户带来的利益。比如,发动机是铝合金做的,那么铝合金做的给客户带来的益处就是发动机质量减轻,易散热,强度大。FAB 应该这样解释,发动机是铝合金做的,质量轻,易散热,所以可以降低油耗,增加发动机使用寿命,减少了汽车燃料的使用成本,同时增加了汽车工作的稳定性。这样的结构,就是说服性的演讲的结构,只有这样的结构才能让客户觉得你的产品满足了他的需求,并且愿意购买你的产品。

2. FAB 法则使用注意事项

FAB 销售法则是销售技巧中最常用也是最实用的技巧,但也是最容易出现问题的技巧,在使用 FAB 方法过程往往容易产生以下问题,在学习及练习时应注意。

1)过分强调产品属性(Feature)

初级销售在沟通过程中将销售重心放在产品的属性上,比如发动机采用了什么技术,这个技术来自哪里,技术到底有多好等。但是很多专业内容对于购买者而言无异于天书,客户往往会觉得产品过于复杂,而放弃购买。

2)将作用(Advantage)和益处(Benefit)混淆

产品的作用是产品本身所固有的,无论谁购买这个产品,产品的作用都是固定不变的;但是益处却是特定的,不同的人购买所获得的益处是不一样的。同样是购买汽车,同级别的汽车,对于普通消费者而言,他们看重的是性价比,所以介绍产品不能说明所有的作用,而是强调性能超过了本身的价格,给客户物超所值的印象,能够以一个不高的价格换来高性能的产品;而对于一个高收入的消费者来说,品牌或许是客户最关注的,因为他们经常出入一些社交场合,品牌是身份和地位的象征,价格稍微贵点,但是能够让他们在社交圈内获得认可。

3)益处(Benefit)的使用前提

益处(Benefit)是给客户带来的好处,所以在使用 FAB 法则之前,必须要知道客户为什么需要购买产品?也就是客户需要产品解决什么问题,只有如此才能真正说到客户心里面,给客户带来益处,这就需要运用到前面所学的需求分析的知识。

3. 汽车产品介绍中 FAB 法则的应用案例(以新桑塔纳为例)

1)静态弯道辅助照明系统(图 3-17)

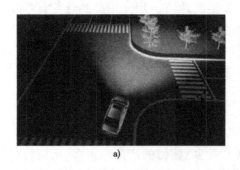 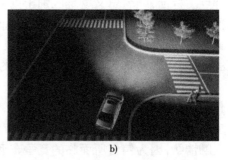

a) b)

图 3-17 静态弯道辅助照明系统
a)无静态弯道辅助照明系统;b)有静态弯道辅助照明系统

F:静态弯道辅助照明系统。

A:全新桑塔纳雾灯集成静态转角辅助照明功能,夜间低速过弯时,转向一侧的雾灯会自动点亮,照亮弯内侧前方近处区域。

B:可有效减少夜晚过弯时的近处盲区,帮助驾驶人清晰地看到侧面情况,提早发现横穿道路的行人或障碍物,从容做出应对措施,显著提高夜间行车安全性。

2)迎宾踏板(图3-18)

F:迎宾踏板。

A:全新桑塔纳四车门门槛处均配有不锈钢镀铬材质的迎宾踏板,前门迎宾踏板更带有清晰可见的"SANTANA"标识。

B:不但美观,而且能在驾驶人进出时减小门槛处磨损,长期使用依旧光亮如新。

3)车内空间(图3-19)

F:宽敞车内空间。

A:桑塔纳宽敞舒适的车内空间,前后排腿部空间、底板到车顶距离、前后排头部空间相比同级车型优势明显。

B:车内空间宽绰,头部、膝部、脚部都能舒展自如,为驾乘人员创造从容、舒适的人性化空间,再远的长途驾驶也不容易疲劳。

图3-18 迎宾踏板

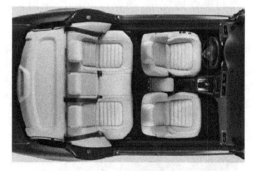
图3-19 车内空间

4)WOKS安全头枕(图3-20)

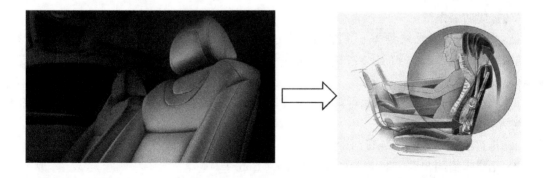
图3-20 WOKS安全头枕

F:新一代WOKS安全头枕。

A：头枕导杆向前弯折倾斜5°，缩短头枕与前排驾乘人员头部距离，并且内部结构的重新优化使其能承受1200N的静压力。

B：在发生追尾碰撞时能够很好地保护人体脆弱的头颈部位，避免因出现剧烈晃动而造成的伤害。同时符合人体工程学的内部设计，带来更好的舒适性，提升驾乘品质。

5）轻量化高刚性车身（图3-21）

F：轻量化高刚性车身。

A：整车使用大量高强度和超高强度钢材，车顶加强梁增加，在保证极高的车身刚性的同时，通过优化车身结构设计，使用更多新型轻量化材料。

B：轻量化高刚性车身以生命安全为重，铸就钢筋铁骨品质，此外轻量化设计能缩短制动距离，行车更安全；相比传统车身更省油；操控性能优异。

6）底盘装甲（图3-22）

F：PVC底盘装甲。

A：全新桑塔纳进行涂装时，会在车身底部、轮罩和门槛喷涂0.5~2mm厚的PVC涂料。

B：汽车高速行驶时，可以让底盘免受砾石撞击所造成的伤害，避免了不必要的维修开支。耐腐蚀性能优越，提高汽车的使用寿命。

图3-21 轻量化高刚性车身

图3-22 PVC底盘装甲

7）智能防盗系统

F：智能防盗系统。

A：采用第四代无线频率识别技术，通过随机产生的滚动码对点火钥匙进行识别，并且钥匙进行了预编码（图3-23）。如果钥匙丢失，需要在线匹配认证才可以进行匹配。

B：非法途径复制钥匙几无可能，防盗性能得到飞跃性的提升。无论您将车辆泊在何处，均可高枕无忧。

8）儿童座椅同步固定装置（图3-24）

F：儿童座椅同步固定装装置（Top Tether + Isofix）。

A：全新桑塔纳设有两套儿童座椅固定装置，通过该固定装置可将儿童座椅与车身紧密固定在一起，直接随车辆减速。

B：安装轻松简便，舒适可靠。对儿童安全呵护备至，充分体现人性关怀。

图 3-23 防盗钥匙

图 3-24 儿童安全座椅

9）ESP 电子稳定控制系统（图 3-25）

F：ESP 车身动态电子稳定控制系统。

A：集成了多达 12 项的主动安全功能，在行车时，ESP 能以 100 次/s 的频率对驾驶人的行驶意图和实际行驶情况进行检测，及时对车辆进行主动干预。

B：提高车辆动态行驶的安全性，就像您身边坐了一位经验丰富、技艺超群的车手，在危急情况下，帮助您转危为安，真正做到防患于未然。

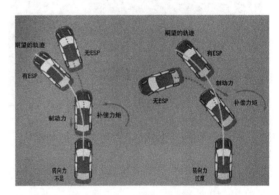

图 3-25 ESP 车身动态电子稳定控制系统

10）铝制轻量化发动机（图 3-26）

F：铝制轻量化发动机。

A：全铝合金材质打造，优化发动机整体结构，实现更小体积、更小自重。高精度燃油喷射系统，喷出的燃油颗粒更加细微，燃烧更加充分，动力转化更直接、更高效。可变气门正时技术，增大进气量，降低空气流动阻力，提高燃烧效率。

B：低转速高转矩的强劲动力，使全新桑塔纳的起步、加速性能优异，给驾驶者带来极富动感的驾驶感受，同时燃油消耗又显著降低，高效环保，一举两得。

图 3-26 铝制轻量化发动机

融汇各项先进科技的发动机,性价比超高、物超所值。

4.汽车产品介绍中 FAB 法则的应用案例(以上汽荣威 Ei6 为例)

1)蓝芯技术发动机(图 3-27)

F:蓝芯技术发动机。

A:荣威 Ei6 搭载 1.0T 蓝芯发动机,动力更强更省油,百公里加速度 7.9s,53km 纯电行驶 0 油耗,综合油耗 1.5L,综合续航 705km。

B:蓝芯发动机,让您拥有更强动力和超快加速度,充分享受驾驶乐趣;油电混合的完美搭配,实现长途混动不费油,短途用电更省电,经济实惠,绿色环保。

2)绿芯技术电机(图 3-28)

F:绿芯技术电机。

A:绿芯电机提供多种模式选择,常规路况下,电机输出动力;电器电力不足时,发动机起动为电机充电;当路况需要更强劲动力时,发动机与电机双重动力保障。

B:多种模式智能切换,不仅能满足不同路况对动力的需求;更体现了现代汽车智能化和绿色环保理念,让您无惧任何路况,实现无忧驾驶。

图 3-27 蓝芯技术发动机

图 3-28 绿芯技术电机

3)旋钮式电子换挡器(图 3-29)

F:旋钮式电子换挡器。

A:改变传统推拉式换挡方式,全系标配旋钮式换挡,手指轻轻扭动即可实现各种挡位切换。

B:旋钮式电子换挡作为豪华车的身份标识,在荣威品牌上首次使用,它灵活方便,操作方便,科技感更强,让您享受驾驶乐趣。

4)阿里斑马智能系统(图 3-30)

F:阿里斑马智能系统。

A:可以实现系统持续更新,不仅拥有远程车辆控制,精致语音交互功能、智慧个性导航,更有充电桩只能推送,让出行不用为充电发愁,用车更加便利。

B:智能科技、互联网系统的运用,让您的爱车更智能、更聪明;同时让您的行车生活更方便快捷,让汽车真正实现想你所想,人车合一的境界。

图 3-29　旋钮式电子换挡器　　　　　图 3-30　阿里斑马智能系统

5）双屏交互系统（图 3-31）

F：双屏交互系统

A：12.3in（英寸）全虚拟仪表 +10.4in 中控大屏的科技组合，独有的 3D 导航及混动模式显示。

B：作为同级别汽车中独一无二的大尺寸双屏系统，它不仅档次高，而且信息显示丰富，让行车生活更方便。

图 3-31　双屏交互系统

二、任务实施

（一）任务目标

（1）能够运用 FAB 介绍法，写出汽车六个方位中每个方位五个代表性配置的 FAB 话术。

（2）运用 FAB 介绍法，通过不断的练习，能连贯、完整、专业地对车辆进行六方位绕车介绍。

（二）准备工作

1. 硬件资源准备

（1）实践环境：模拟 4S 店展厅实训室。

（2）设备：实训用车辆。

（3）工具和材料：A4 纸、笔、销售工具包、汽车四件套、车钥匙等。

2.软件资源准备

产品资料、展车手册、销售文件、销售工具包。

(三) 注意事项

(1) 要主动邀请客户,对其进行六方位绕车介绍。

(2) 进行六方位绕车介绍前,应提前准备好展车,保持展车干净、整洁。

(3) 介绍时声音洪亮、吐词清晰,用普通话进行介绍;介绍热情、自信,照顾客户需求。

(4) 绕车介绍时,要时刻注意客户的关注点,对客户感兴趣的配置要详细介绍,并且与客户有交流。

(5) 对每个方位的介绍要详细、完整,并按照一定顺序进行。

(6) 介绍完成后,应咨询客户兴趣点和疑问之处,必要时对某配置再次进行讲解。

(7) 介绍过程中,应保证客户操作和用车安全。

(四) 工作内容

(1) 根据班级人数进行分组,2~3人/组,每组选择上汽大众帕萨特的其中某一个方位,选择该方位中五个配置,写出各配置的FAB话术,见表3-3。

汽车六方位配置的FAB话术表　　　　　　表3-3

方位	配　　置	FAB　话　术
车前方	品牌、车标	
	整体造型	
	进气格栅	
	前照灯	
	保险杠	
驾驶室	前排座椅(材质、功能)	
	车内整体装饰	
	转向盘	
	中控台	
	多媒体显示屏	
	空调	
	音响控制系统	
	变速器	
	天窗	
	……	
后排座椅	座椅(材质、功能)	
	后排空间	
	安全带	
	……	

续上表

方位	配置	FAB 话术
车侧面	侧面线条及造型	
	后视镜	
	底盘	
	轮胎	
	制动系统	
	悬架系统	
	……	
车后方	尾部造型	
	尾灯	
	后保险杠	
	行李舱储物空间	
	随车工具	
	……	
发动机舱	发动机舱布置	
	发动机技术	
	油耗	
	隔音材质	
	防撞技术	
	……	

(2)整理六个方位的FAB话术,小组内部再次分配角色(客户和销售顾问),尝试进行六方位绕车介绍,一轮结束后,角色交换,循环多次练习,具体要求见表3-4。

六方位绕车练习记录表　　　　　　　　　　　　　　　　表3-4

序号	角色分配	各方位介绍的配置	优　缺　点
第1轮	销售顾问： 客　　户：	车前方： 驾驶室： 车后排： 车侧方： 车尾部： 发动机舱：	
第2轮	销售顾问： 客　　户：	车前方： 驾驶室： 车后排： 车侧方： 车尾部： 发动机舱：	
第3轮	……	……	
第4轮	……	……	

3. 任务评价标准

各小组可以根据以下的评分标准，检验本组学习效果；也可根据评分标准评价其他小组学习效果，各任务的评价标准如下。

（1）编写 FAB 话术评价标准见表 3-5。

FAB 话术评价标准　　　　　　　　　　　　　　　　　　表 3-5

序号	评价标准	得分		
		一般	良好	优秀
1	话术体现了属性、作用、益处的 FAB 递进式介绍层次，逻辑清晰			
2	配置功能介绍用词准确、恰当，能加入体验性用词			
3	功能描述中能加入场景描述，能让客户产生共鸣			
4	词语表达能体现丰富情感，语句连贯通顺，符合表达习惯			
5	用积极向上、正能量的词语，不用贬低性、攻击性语言			

（2）六方位绕车介绍评价标准，见表 3-6。

六方位绕车介绍评价标准　　　　　　　　　　　　　　　表 3-6

位置	考核点	评分标准	分值	得分
礼仪考核	站位	站姿是否挺拔、站位位置是否正确	3	
	精神面貌	精神面貌是否良好	5	
	语言表达	语言是否清晰、流畅	8	
	身体语言	恰当的身体语言	4	
	语气语态	语气语态是否亲切自然	8	
车前方	车型设计及美学 汽车品牌文化 汽车前端外饰	是否能够正确说明特征点，是否能够利用 FAB 法则解释特征点，不少于三个特征点（其中品牌定位必讲） （1）少一个特征点，扣 4 分； （2）阐述对应的汽车特征带给客户的利益，阐述不全面的，每项扣 2 分；阐述不正确的，每项扣 4 分； （3）技术参数不正确的，每项扣 2 分	12	
驾驶侧	操纵性及配置 仪表板 变速器、新技术等	是否能够正确说明特征点，是否能够利用 FAB 法则解释特征点，不少于三个特征点（其中品牌定位必讲） （1）少一个特征点，扣 4 分； （2）阐述对应的汽车特征带给客户的利益，阐述不全面的，每项扣 2 分；阐述不正确的，每项扣 4 分； （3）技术参数不正确的，每项扣 2 分	12	
车后排	内饰、舒适性（底盘悬架系统）、后排座椅的易拆性、空间等	是否能够正确说明特征点，是否能够利用 FAB 法则解释特征点，不少于三个特征点（其中品牌定位必讲） （1）少一个特征点，扣 4 分； （2）阐述对应的汽车特征带给客户的利益，阐述不全面的，每项扣 2 分；阐述不正确的，每项扣 4 分； （3）技术参数不正确的，每项扣 2 分	12	

续上表

位置	考核点	评分标准	分值	得分
车侧方	安全配备、外观参数(车身、ABC三柱、后视镜、车轮等)	是否能够正确说明特征点,是否能够利用FAB法则解释特征点,不少于三个特征点(其中品牌定位必讲) (1)少一个特征点,扣4分; (2)阐述对应的汽车特征带给客户的利益,阐述不全面的,每项扣2分;阐述不正确的,每项扣4分; (3)技术参数不正确的,每项扣2分	12	
车尾部	后部外观设计 安全配备 行李舱	是否能够正确说明特征点,是否能够利用FAB法则解释特征点,不少于三个特征点(其中品牌定位必讲) (1)少一个特征点,扣4分; (2)阐述对应的汽车特征带给客户的利益,阐述不全面的,每项扣2分;阐述不正确的,每项扣4分; (3)技术参数不正确的,每项扣2分	12	
发动机舱	发动机 动力性经济性 变速器	是否能够正确说明特征点,是否能够利用FAB法则解释特征点,不少于三个特征点(其中品牌定位必讲) (1)少一个特征点,扣4分; (2)阐述对应的汽车特征带给客户的利益,阐述不全面的,每项扣2分;阐述不正确的,每项扣4分; (3)技术参数不正确的,每项扣2分	12	
	分数合计		100	

三、学习拓展

近年来,随着新能源技术的发展和成熟,新能源汽车越来越受消费者青睐。作为一名汽车销售顾问,不仅要精通传统汽车,也要掌握新能源汽车技术,能销售新能源汽车。现需要你对上汽荣威Ei6汽车进行六方位绕车介绍,要完成好这一任务,需要了解并掌握该车型的配置和技术,根据所学六方位绕车介绍方法,制订工作步骤:

(1)查阅上汽荣威Ei6车型的图片、视频等资料,也可利用课后时间到4S店参观学习,了解该车型的配置和新技术。

(2)根据所学知识,制订该车型各方位的FAB介绍法话术。

(3)对所编写的话术进行理解、消化;并适当进行修改。

(4)加强练习。

(5)小组分配角色,分工合作,互相帮助完成六方位绕车介绍。

(6)针对练习中存在的不足,再次对话术进行修改。

(7)继续练习,直到能够自然、自信、完整的完成六方位绕车介绍。

四、评价反馈

1. 自我评价

(1) 对本学习任务的学习,你是否满意?
_____

(2) 你能运用 FAB 介绍法写出汽车配置吗?
_____

(3) 你能对所写的介绍话术进行理解、消化,并能脱口而出吗?
_____

(4) 你能独立、完整、自信地对大众帕萨特进行六方位绕车吗?
_____

(5) 面对客户进行六方位绕车介绍时,你能否时刻关注客户的兴趣点并适当调整介绍重点?
_____

2. 小组评价

(1) 你们小组在接到任务之后是否讨论如何完成任务?
_____

(2) 你们小组编写 FAB 介绍法话术时,是否有明确的分工,相互配合的好吗?
_____

(3) 你们小组在练习六方位绕车介绍时,各角色是否配合、互相帮助,且进行了角色轮换?
_____

(4) 你们小组在对六方位绕车介绍过程中是否严格按照 7S 标准执行?
_____

3. 教师评价

(1) 小组综合表现:_____
(2) 优势:_____
(3) 提升之处:_____

子任务3 竞品评价慎应对

 任务描述

你作为上汽大众斯柯达 4S 店的一名销售顾问,此时正在接待一位有意向购买斯柯达昊锐轿车的客户,但客户提到他比较了几款斯柯达昊锐轿车的竞争车型也觉得很不错,有很多卖点都是昊锐轿车没有的。为了解决客户的疑虑,你要将所售车型的竞争车型牢记于心,给客户合理地对比,从而突出所售车辆的优点,促成销售。

学习任务三　车辆推介看技巧

一、知识准备

(一)竞争车型

生产规模接近、价格接近、销售界面相同、定位档次相同和目标客户相同的车型即为竞争车型。

1. 生产规模接近

生产规模越接近,就越有可能成为最主要的竞争车型,规模经济是一项十分重要的基础竞争力量。

2. 价格接近

市场零售价格接近的车型,才会成为竞争车型。市场零售价格,一般是市场的终端价格。终端价格总是直接面向消费者的价格,它不但反映着汽车的价值,也反映着客户的接受程度。

3. 销售界面相同

汽车从生产出厂到客户消费是一个整体过程。企业把汽车交给中间商,中间商就成为企业的销售界面;中间商把汽车交给零售商,零售商就成为中间商的界面。一般企业面对的销售界面有三种:①中间商;②零售商;③消费者。销售界面相同的企业,才会成为竞争者。销售界面相同,就仿佛是在同一战场上作战,不在一个战场,就不是竞争车型。

4. 定位档次相同

产品的定位档次,应由以下四个要素来确定:

(1)车型的品质。

(2)使用价值或功能。

(3)车型包装。

(4)价格。

需要特别清楚的是,不在同一档次的车型,是没有竞争理由的。例如,奔驰牌汽车和桑塔纳牌汽车,不能因为它们都叫汽车而作为主要竞争车型。

5. 目标客户相同

目标客户相同,企业双方竞争的市场就一样。如果企业双方生产的同一种车型销售给了两种不同对象,事实上他们两者根本就不是竞争车型。只有目标客户相同,才能引起竞争。

(二)竞争车型对比技巧

1. 不贬低竞争车型

贬低竞争车型,有可能客户与竞争车型有某些渊源,如现在正使用竞争车型的产品,他的朋友正在使用,或他认为竞争车型的产品不错,你贬低就等于说他没眼光、正在犯错误,他就会立即反感。特别是竞争车型的市场份额或销售不错时,因为对方如果真的做得不好,又如何能成为你的竞争车型呢?不切实际地贬低竞争车型,只会让客户觉得你不可信赖。

2. 拿自己的三大优势与竞争车型三大弱点做客观地比较

俗话说,货比三家,任何一种货品都有自身的优缺点,在做产品介绍时,要举出己方的三大强项与对方的三大弱项比较,即使同档次的产品被客观地一比,高低就立即出现了。

3. 独特卖点

正所谓"人无我有,人有我优",独特卖点就是只有我们有而竞争对方不具备的独特优势,正如每个人都有独特的个性一样,任何一种产品也会有自己的独特卖点,在介绍产品时突出并强调这些独特卖点的重要性,能为销售成功增加了不少胜算。

4. 常用话术技巧——ACE(认可、比较、提升)

ACE 是 Acknowledge(认可、认同)、Compare(比较)Elevate(提升)三个英文单词的缩写,是我们在竞品比较中常用的方法,认同对方的优点,利用与自己的产品优势相比较,从而进一步提升产品特性,可以达到进一步满足其需求的目的。

案例说明:客户疑问,四驱车是不是比两驱车更费油?

A 认可:不错,你说的对,在某些状况下,四驱车的油耗是比两驱车高。

C 比较:高级轿车追求的是舒适最大化,四驱车更能保证乘坐的舒适性,驾驶的操控性和安全性。

E 提升:四驱车在普通路面上与两驱车的油耗几乎差不多,因为在普通路面上辉腾的动力分配为前90%和后10%,和前驱车的动力分配几乎相同,只是在某些特殊路面上需要用四驱,但这种情况很少。

二、任务实施

(一)任务目标

(1)能利用网络查阅汽车相关资料,说出畅销车型的竞品车,并能说明理由。

(2)能运用所学知识,给客户进行合理的对比,突出所售车型的优点。

(3)通过训练,能成功说服客户购买车辆,锻炼自己的沟通表达能力和应变能力。

(二)准备工作

1. 硬件资源准备

(1)实践环境:模拟4S店展厅实训室。

(2)设备:实训用车辆。

(3)工具和材料:A4纸、笔、销售工具包、汽车防护用品、车钥匙等。

2. 软件资源准备

产品资料、销售工具包、竞争车型对比分析表。

(三)注意事项

(1)要主动询问并通过交谈了解客户最感兴趣的竞争车型。

(2)进行竞争车型对比时,要结合展车对所售车型卖点进行直观地介绍与展示。

(3)对比介绍时,要自然大方、亲切热情,用普通话进行介绍。

(4)竞品对比时,要时刻注意客户的关注点,用所售车型的优点有针对性的与客户感兴趣的竞品的缺点进行客观比较,不要随意贬低让客户反感。

(5)在竞品对比时要着重介绍所售车型的独特卖点,对卖点的介绍要详细、完整。

(6)竞品对比完成后,应咨询客户的兴趣点和有疑问之处,必要时对某卖点再次进行讲解。

(四)工作内容

(1)根据班级人数进行分组,2~3人一组,每组通过网络查询资料找出上汽大众斯柯达昊锐车型的两款主要竞争车型,将两款主要竞争车型与昊锐车型的主要参数配置进行对比,找出独特卖点,见表3-7。

上汽大众斯柯达昊锐轿车竞争车型对比 表3-7

品牌	上汽大众昊锐轿车	竞争车型1(　　)	竞争车型2(　　)
车型	1.8T AT		
厂商公布价			
发动机参数			
类型	4缸1.8T涡轮增压		
最大功率(kW/r/min)	118/4500~6200		
最大转矩(N·m/r/min)	250/1500~4500		
100km/h加速时间	9.1		
工信部综合油耗(L)	8.2		
车身参数			
长×宽×高(mm)	4838×1817×1462		
轴距(mm)	2761		
风阻系数	0.32		
安全等级	五星(46.2分)		
整车质量(kg)	1530		
整车质保	3年或10万km		
轮胎	205/55 R16		
悬架系统			
前悬架类型	麦弗逊式独立悬架		
后悬架类型	多连杆式独立悬架		
安全系统			
主动安全	ABS+EBD		
被动安全	前排双气囊		
舒适性配置			
灯系统	卤素前照灯+前/后雾灯		
空调	自动空调+后排出风口		
转向盘	发泡转向盘		
座椅	织物+驾驶席手动调节/腰靠调节+副驾驶手动调节		
智能驾驶	行车电脑		

续上表

品牌	上汽大众昊锐轿车	竞争车型1( )	竞争车型2( )
外部配置			
天窗	—		
玻璃/后视镜	后视镜加热(不带电动折叠)		

(2)根据对比找出的独特卖点,整理出竞争车型对比的ACE话术,小组内部分配角色(客户和销售顾问),尝试进行竞品对比介绍,一轮结束后,角色交换,循环多次练习,具体要求见表3-8。

竞品对比练习记录表 表3-8

序号	角色分配	独特卖点的ACE话术	练习记录
第1轮	销售顾问: 客 户:	A 认可: C 比较: E 提升:	
第2轮	销售顾问: 客 户:	A 认可: C 比较: E 提升:	
第3轮	……	……	
第4轮	……	……	

(3)任务评价标准。各小组可以根据以下的评分标准,检验本组学习效果;也可根据评分标准评价其他小组学习效果,各任务的评价标准如下。

①准确找出竞争车型并选出独特卖点评价标准,见表3-9。

准确找出竞争车型并选出独特卖点评价标准 表3-9

| 序号 | 评价标准 | 得分 | | |
		一般	良好	优秀
1	通过网络查询能准确找出昊锐轿车的主要竞争车型			
2	能准确完善对应的车辆信息,资料具有真实性和时效性			
3	能通过三款车型的信息找出昊锐轿车的独特卖点			

②竞品对标话术制订评价标准,见表3-10。

竞品对标话术制订评价标准 表3-10

位置	考核点	评分标准	规定分	得分
礼仪考核	站位	站姿是否挺拔、站位位置是否正确	5	
	精神面貌	精神面貌是否良好	5	
	语言表达	语言是否清晰、流畅	8	
	身体语言	恰当的身体语言	5	
	语气语态	语气语态是否亲切自然	7	

续上表

位置	考核点	评分标准	规定分	得分
ACE 话术	A 认可	(1)话术完整包含了认可、比较、提升的 ACE 递进式竞品对比的三个方面,少一个要素扣 5 分; (2)对竞争车型认可,不得贬低竞争车型,如出现扣 5 分; (3)用所售车型的三大优势与竞争车型的三大弱点进行客观比较,少一个扣 3 分,对比不合理,出现一处扣 3 分; (4)突出并强调出了所售车型的独特卖点,未做到扣 5 分; (5)对独特卖点进行进一步提升,解决客户疑虑,让客户对所售车型有信心,话术不合理或者不客观的,每项扣 3 分; (6)竞品对比介绍时用词准确、恰当,能加入体验性用词,不准确,扣 3 分;未加入体验性用词,扣 3 分; (7)词语表达能体现丰富情感,语句连贯通顺,符合表达习惯,如不符合,每项扣 2 分; (8)用积极向上、正能量的词语,不用贬低性、攻击性语言,出现其中任意一项,扣 3 分; (9)过程中能结合实训车辆进行直观介绍展示,如未结合实车展示,扣 4 分; (10)介绍过程中自信,能与客户灵活交流,关注客户感受,缺少一项,扣 3 分	70	
ACE 话术	E 比较			
ACE 话术	C 提升			
分数合计			100	

三、学习拓展

随着新能源技术的发展和成熟,新能源汽车越来越受消费者青睐,市场上众多品牌纷纷推出新能源车型。现需要你找出上汽荣威 Ei6 汽车的一款主要竞争车型,运用所学技巧进行竞品对比。要完成好这一任务,需要了解并掌握上汽荣威 Ei6 汽车型和竞争车型的配置和参数,根据所学 ACE 竞品对比方法,制订工作步骤:

(1)查阅上汽荣威 Ei6 车型的图片、视频等资料,也可利用课后时间到 4S 店参观学习,了解该车型的配置和新技术。

(2)通过网络查询,找出 Ei6 的一款最主要的竞争车型。

(3)通过两款车型配置和参数对比,找出 Ei6 的独特卖点。

(4)根据所学知识及独特卖点,制订该车型的 ACE 竞品对比话术。

(5)对所编写的话术进行理解、消化;并适当进行修改。

(6)加强练习。

(7)小组分配角色,分工合作,互相帮助完成竞品对比。

(8)针对练习中存在的不足,再次对话术进行修改。

(9)继续练习,直到能够自然、自信、完整地完成 ACE 竞品对比。

四、评价反馈

1. 自我评价

(1)对本学习任务的学习,你是否满意?
_____

(2)你能通过网络查询准确找出所售车型的主要竞争车型吗?
_____

(3)你能正确运用ACE竞品对比技巧写出对比介绍的话术吗?
_____

(4)你能对所写的介绍话术进行理解、消化,并能脱口而出吗?
_____

(5)你能独立、完整、自信地完成竞品对比吗?
_____

2. 小组评价

(1)你们小组在接到任务之后是否讨论如何完成任务?
_____

(2)你们小组编写ACE话术时,是否有明确的分工,相互配合的好吗?
_____

(3)你们小组在练习竞品对比话术时,各角色是否配合、互相帮助,且进行了角色轮换?
_____

(4)你们小组在竞品对比过程中是否严格按照企业7S标准执行?
_____

3. 教师评价

(1)小组综合表现:_____
(2)优势:_____
(3)提升之处:_____

学习任务四　试乘试驾增兴趣

学习目标

完成本学习任务后面,你应当:

1. 运用所学知识,完成试乘试驾的准备工作;
2. 通过学习,熟记试乘试驾的流程;
3. 按照4S店的要求,与客户进行完整的试乘试驾;
4. 通过练习,能在试乘试驾过程中展开合理的话术引导;
5. 会处理试乘试驾后客户对产品产生的异议。

学习内容

1. 试乘试驾的目的及意义;
2. 试乘试驾前的准备工作;
3. 试乘试驾的办理流程;
4. 试乘试驾中客户试乘与客户试驾;
5. 试乘试驾中更换驾驶座位的注意事项;
6. 客户试驾后的工作。

建议学时:24学时。

任务描述

一汽大众4S店的销售顾问小莉今天下午预约了客户对2019款迈腾车进行试乘试驾,在客户到店之前需要做好相应的试乘试驾准备工作,到店之后要带领客户试乘试驾,你作为小莉的助手,小莉把这项任务交给了你,那么请你结合所学知识,在客户到店前按照厂家和4S店的要求做好客户试乘试驾的准备工作,以及在客户到店后带客户进行试乘试驾的具体工作。

一、知识准备

(一)试乘试驾的含义

所谓试驾,是指客户在经销商指定人员的陪同下,沿着指定的路线驾驶指定的车辆,从而了解这款汽车的行驶性能和操控性能。试乘是指由经销商指定的人员来驾驶指定的汽车供客户乘坐。人们常将试乘与试驾放在一起来说,也就是所谓的试乘试驾。

由于绝大多数购车者都会开车,单纯的试乘通常并不会出现。经销商指定的人员通常是接待客户的销售人员或者专门的试驾员,指定的车辆通常是经销商提供的试驾专用车,未售出的库存车辆是不应让被客户试驾的。

(二)试乘试驾的目的及意义

1. 加深产品体验

通过详细与深度的产品介绍、静态感观、亲自操控或乘坐感受,带给客户关于车辆最直接、全面的感观冲击和真实的细节体验。

2. 有利于品牌宣传

对于意向客户而言,一次有效的试乘试驾将带来正确的认识、产品的好感和良好的口碑。

3. 加强客户满意度

通过试乘试驾过程的巧妙设计和引导,体验者大多会对所试乘试驾的车辆留下良好的印象和感受,有效提升客户对车辆和服务的满意度。

4. 促进销售提升

试乘试驾,是有效的媒体推广和销售促进手段,同时也借此机遇获取目标客户线索和其对车辆的关注重点,并在试乘试驾活动中稍加引导或跟踪,便能有效促进销售的达成。

(三)试乘试驾前的准备工作

1. 辨别客户的试驾资格

试驾客户驾龄在应在两年以上,有实际驾驶经验,年龄在合理范围之内,没有其他影响驾驶的因素。

2. 主动邀请客户试乘试驾,并向客户介绍试乘试驾

确认客户的试驾资格后,销售顾问应主动提出让客户试乘试驾,客户表示愿意试驾后在第一时间介绍试乘试驾的具体内容,如果客户不符合试驾要求可以邀请客户试乘。

3. 试驾车辆及试驾路线

选择一部符合或者接近(如果不能完全符合的话)已被客户确认的要求与愿望的车(图4-1)。每天依车况查检表切实检查试车车辆,务必保持最佳状况。每天一早清洁、整理试车车辆。定期维护,保持车辆性能处于最佳状况。车辆加贴试乘试驾贴纸;CD换碟盒中有CD,车内有脚垫,保持车辆的真实状态。

规划试车路线(图4-2),使客户有足够时间来体验车的性能,熟悉并喜欢这辆车。必须按照规划路线行驶,应确保行车安全。选择路长超过1000m、宽超过4m、车流量较少、平直的路面,或选择半径超过20m的场地或车流量较少、平直弯道公路。

图4-1 试乘试驾车

图4-2 试乘试驾路线图

学习任务四　试乘试驾增兴趣

（四）试乘试驾办理流程

给客户讲解流程和相关规定，并签署试驾协议，登记驾驶证，填写相关信息，驾驶证复印存档。签署试驾协议结束，检验证件后可开始试乘试驾。

（五）客户试乘

即使客户符合试驾要求，按照产品体验流程要求，销售人员也要先邀请客户试乘，使客户熟悉试乘试驾路线，让客户更好地体验车辆的乘坐感受，结合驾驶为客户进行卖点讲解，加深客户对车辆配置的印象，消除客户的疑虑，给客户时间和空间体验车上的舒适性配置。

邀请客户试乘的注意事项：替客户开关车门，防止客人头部碰到车门（图4-3），对方进入车内并确认坐好后，轻轻关闭车门，不可用力过大，进入驾驶位后提醒客户系好安全带，关注客户的同伴和家人。

起步前，讲解车辆配置及基本操作。向客户演示座椅、转向盘、安全带等如何调节至舒适的位置。打开车内空调和音响，向客户介绍空调的良好的环境控制效果和音响品质。

起步时提醒客户车辆起步，向客户强调车辆起步时车辆行驶的平稳性，在带领客户试乘过程中应当多做主动介绍，被动回答客户疑问时，注意放慢车速遵守交通规则，为客户试驾做好表率，在试驾路线的关键点做好路线介绍，危险动作提前告知。

图4-3　为客户开车门

试乘过程中的沟通话术见表4-1。

试乘过程中的沟通话术　　　　　　　表4-1

试乘阶段	话　术
起步	"您只要轻踩加速踏板，这辆车就能平稳地起步，这得益于这辆车低转速高转矩的发动机设计，让您在城市行走变得轻松、享受"
直线加速和弯道	"这辆车偏向运动型的底盘，确保车不论是直线加速行驶还是弯道循迹功能都非常精准，让您无论在什么路线行驶，都能给您掌控的信心"
中段加速	"您觉得这辆车的中段加速能力怎么样？"
高速行驶	加速响应很快，动力随叫随到……（开始运用动力绕车话术）
制动	制动时的转向盘和制动踏板很好，不会让人有别扭的感觉，车身也没有抖动

（六）更换驾驶座位

销售顾问将发动机熄火，将车辆停靠在安全地带，打开应急灯，并将钥匙拔出。引导客户进入驾驶座（图4-4），强调驾驶路线及行车安全，帮助调整座椅、转向盘、后视镜（图4-5），引导客户熟悉车内常用操作按键，提醒系上安全带（图4-6）。待客户进入驾驶位置后，将车辆钥匙亲手交给客户（图4-7），再次提示安全驾驶及遵守交通规划。

图4-4 引导客户进入驾驶座

图4-5 协助客户调整

图4-6 提醒客户系上安全带

图4-7 将车辆钥匙亲手交给客户

(七) 客户试驾

客户试驾时,主动提示指引路线让客户专心驾驶,及时提醒客户注意安全,不失时机地称赞客户的驾驶技术,让客户自由体验试驾乐趣。点明体验感觉,有步骤地引导客户认同产品的性能与配备,避免此时进行卖点介绍,以免分散客户注意力。观察客户驾驶的熟练程度,预防危险发生,为客户创造轻松的试驾环境,如图4-8所示。

起步前建议打开车窗,行驶稳定后关闭车窗,营造行驶噪声由大到小的过程,让客户充分感受车身密闭性,提醒客户体验:起步的平顺性、匀速静音效果、加速与制动、过弯稳定性、颠簸路面的减振性、换挡的平顺性等,遇复杂路况时,提醒客户行驶路线和注意安全,对于客户的关注点,提示客户着重感受。

试驾过程中沟通话术见表4-2。

试驾过程中的沟通话术 表 4-2

试驾阶段	话 术
赞美客户	"您开得还真不错,看来这款车真的很适合您"
起步	"这辆车配备了先进的助力转向,您看起步打方向是不是很轻松?而且方向感很清晰?"
直线行驶	您觉得在直线行驶时,听发动机的声音是不是运转很平稳?
加速(感受加速)	"您加速时,是不是感到动力不错,没有吃力的感受?"
过弯(感受底盘)	"您在转弯时是不是感到车的侧倾不大,整个底盘很扎实?"
中段加速	"您觉得这辆车的中段加速能力怎么样?"
高速过弯	我们的CBC道控制系统,高速过弯让您感到很平稳!"
颠簸路面	"接下来是颠簸路面,您可以感受一下这辆车的悬架和转向盘传递过来的路感!"
坡道	"接下来的坡道路面,您可以感受一下这辆车低转速高转矩的发动机,让您轻松应对上、下坡路面!"

(八)试驾后

客户结束试驾,引导客户将车停放于试乘试驾车停放区域。试驾专员应先下车,主动替客户开车门,提醒客户带好随身物品,引导客户返回展厅洽谈桌入座(图4-9),并根据用户需求奉上饮料。询问客户的试驾感受,请客户填写《试乘试驾意见调查表》,利用客户异议点适时利用展车再次解说。如客户无异议可询问客户购车意向,邀请客户订车,如果客户犹豫徘徊应准尊重客户选择,可以礼貌送别客户离店,整理客户资料,适时跟进。

图4-8 客户开始试驾

图4-9 试驾调查

二、任务实施

(一)任务目标

(1)知道试乘试驾的重要性。

(2)明白试乘试驾的流程。

(3)知道试乘试驾前的准备工作。

(4)能与客户进行完整的试乘试驾。

(5)能在试乘试驾过程中展开合理的话术引导。

(6)会处理试乘试驾后客户对产品产生的异议。

(二)准备工作

1. 实践操作所用的设备及环境

(1)实践环境:模拟4S店展厅实训室。

(2)设备:实训用车辆。

2. 实践操作所用的工具和材料

试乘试驾协议书、驾驶证、相关信息表、试驾路线图、签字笔、复印机。

(三)注意事项

(1)每天早会结束后由销售经理检查试乘试驾车辆状况,并填写《试乘试驾车准备检查表》,根据试乘试驾频率随时对试乘试驾车辆进行检查。

(2)提前到试乘试驾车辆前,检查车辆状态,是否能正常行驶。

(3)试驾者须拥有中华人民共和国合法C级以上驾照满一年。

(4)试驾时请注意遵守交通规则,上车系好安全带,停车换人时注意来往车辆行人。

(5)为了保证客户的安全,试驾时车速不可过快,沿途请勿超车及逆行,如无特殊情况请勿猛踩加速踏板及制动。试驾人员在行车途中要保持车速,最高限速为40km/h,严禁强行超车。

(6)试驾者如对车辆状况不熟,请勿按无关按钮开关,如有疑问可向陪驾人员咨询。试驾顺序请服从陪驾人员的安排。

(7)试乘试驾前系好安全带,并且在试驾过程中禁止在车内吸烟、吃东西、打电话。

试验制动性能时,注意保持安全距离,并在制动前做出有效提示。

(四)工作内容

(1)根据班级人数进行分组,2~3人/组,每组选择上海大众帕萨特来进行试乘试驾工作,然后对比所学知识,结合在4S店实地参观的经历,提前在《试乘试驾车管理表》(表4-3)中写出检查项目并完善此表,同时在说明试乘试驾的相关事项前邀请客户签署《试乘试驾协议书》见表4-4。

试乘试驾车管理表　　　　　　　　　　　　　　　　表4-3

序号	位置	检查项目	检查结果	整改
1	发动机舱	散热器冷却液液面检查		
2		助力油油质及液面检查		
3		前后风窗玻璃清洗液液面检查		
4		机油油质及液面检查		
5		制动油油质及液面检查		
6		驱动皮带检查		
7	底盘	底盘有无刮伤		
8		轮胎胎压胎纹检查		
9		停车制动检查		

续上表

序号	位置	检查项目	检查结果	整改
10	功能	空调效果良好		
11		加速踏板,制动踏板功能良好		
12		仪表声光及警告装置检查		
13		时钟上时间正确		
14		电台收录至少3个最清晰的频道,其中一个必须为交通电台		
15		CD机内有碟片且工作正常,建议准备较为动感的CD音乐,以便说明音响的优点		
16		前照灯/示宽灯/方向灯/室内灯/倒车灯/制动灯/雾灯等检查		
17		电动窗、后视镜、中控锁检查		
18	车身	车外干净、清洁,定期美容		
19		车贴按标准贴好		
20		车身无刮痕		
21		刮水器功能良好		
22		车钥匙遥控功能良好		
23	车内	车内清洁、无杂物、车内无异味		
24		车内烟灰缸里无烟灰杂物		
25		后座无杂物,无异响		
26		车门内置箱内无杂物,无异响		
27		油箱油量是否在1/2~3/4之间		

说明:

检查:　　　　　　　　　审核:　　　　　　　　　日期:

试乘试驾协议书　　　　　　　　　　表4-4

试乘试驾车型		牌照	
试乘试驾路线		试乘试驾时间	
客户姓名		驾驶证号	
电话(手机)		地址	

(××销售服务店):

　　本人保证在本次试乘试驾过程中,严格遵守一切交通法律以及贵公司的安排和规定。注意行车安全,文明驾驶,确保行人和车辆安全。否则,本人愿意独自承担由此所造成的一切经济损失和法律责任。

试乘试驾人员(签名):　　　　　　　　　销售顾问(签名):

日期:

附:驾驶证复印件(驾驶证请复印于本表背面)

（2）按照4S店要求，在表4-5中填写试乘试驾的过程中需要检查的项目。并将观察结果填写在《试乘试驾工作检查表》的对应位置，见表4-5。

试乘试驾工作检查表　　　　　　　　　　　　　　　　　　　　　　　　表4-5

序号	项目	检查项目	是	否	整改项目
1	试乘试驾前	是否根据试驾车的性能以及路面状况来确定最合适的试驾路线			
2		是否根据礼仪规范整理好个人仪容			
3		是否填写《试乘试驾车管理表》			
4		是否核对客户驾驶执照，并且复印留档，要求其确认并签署《试乘试驾协议书》			
5		是否提前检查试乘试驾车运行状态良好			
6		是否向客户说明试驾路线、全程大概交通状况及所需的时间，并提示客户试乘试驾中注意的要点			
7	试乘试驾中	是否为客户开门，请客户上车			
8		起步前是否讲解车辆配置及基本操作			
9		起步前是否主动结合驾驶为客户进行卖点讲解，加深客户对车辆配置的印象，消除客户的疑虑			
10		更换驾驶座位时是否将车辆停靠在设定的安全地带			
11		更换驾驶座位时是否开启双闪			
12		更换驾驶座位时是否拉驻车制动器操纵杆、是否熄火			
13		更换驾驶座位时是否带着钥匙下车			
14		客户试驾上车后是否为客户调整座椅			
15		客户试驾上车后是否为客户调整转向盘			
16		客户试驾上车后是否为客户调整后视镜			
17		提醒系上安全带			
18		客户试驾上车后是否为客户讲解常用按键的位置及功能			
19		客户试驾上车后是否提醒客户遵守交通规则			
20		是否提醒客户安全驾驶，适当介绍车辆			
21	试乘试驾后	是否根据客户比较关心的问题以及车辆的特点准备应对的话术，解除客户的后顾之忧			
22		是否引导客户填写《试乘试驾意见调查表》			

检查人：　　　　　　　　　　　　　　　　　　　检查日期：

(3) 在试乘试驾后,根据客户的试驾情况,邀请客户填写《试乘试驾意见调查表》,见表 4-6。

试乘试驾意见调查表　　　　　　　　　　表 4-6

评估者姓名			联系电话			
职业			驾龄			
业务代表			评估日期			
试驾车型			里程			
类别	评价项目	评价结果			备注	
		非常好	好	一般		
车辆外观	外形尺寸					
	造型美感					
舒适性	乘坐舒适性					
	驾驶座椅舒适性					
	音响效果					
	空调效果					
	轮胎及胎噪					
操纵性	仪表配色及辨识性					
	驾驶方便性					
	转向灵活性					
	视野					
安全性	驾驶安全感					
	ABS 效果					
	倒车雷达					
	安全气囊					
动力性	起步加速					
	中途加速					
汽车内部感受	汽车内饰					
	工艺水平					
	内饰配色					
	内部空间					
	操纵键可控性					

(4) 任务评价标准。各小组可以根据以下的评分标准,检验本组学习效果;也可根据评分标准评价其他小组学习效果,各任务的评价标准见表 4-7。

试乘试驾评价标准 表4-7

序号	项目	操作内容	规定分	评分标准	得分
1	试乘试驾前	是否根据试驾车的性能以及路面状况来确定最合适的试驾路线	50	未按规定选择路线,扣5分	
		是否根据礼仪规范整理好个人仪容		仪容仪表不规范,扣5分	
		是否填写《试乘试驾车管理表》		未填写《试乘试驾车管理表》,扣5分	
		是否核对客户驾驶执照,并且复印留档,要求其确认并签署《试乘试驾协议书》		未按规定执行,扣5分/项	
		是否提前检查试乘试驾车运行状态良好		未提前检查试驾车辆状况,扣5分	
		是否向客户说明试驾路线、全程大概交通状况及所需的时间,并提示客户试乘试驾中注意的要点		未按要求向客户说明事项,扣5分/项	
2	试乘试驾中	是否为客户开门,请客户上车	40	未按要求操作,扣5分	
		起步前是否讲解车辆配置及基本操作,是否主动结合驾驶为客户进行卖点讲解,加深客户对车辆配置的印象,消除客户的疑虑		操作时未讲解车辆配置,扣5分/项	
		更换驾驶座位时是否将车辆停靠在设定的安全地带、开启双闪,熄火拉驻车制动器操纵杆、带着钥匙下车		停车时未将车辆停靠在安全地带等,扣5分/项	
		客户试驾上车后是否为客户调整座椅、转向盘、后视镜、提醒系上安全带、讲解常用按键的位置及功能、提醒客户遵守交通规则		操作中未为客户调整座椅等,扣5分/项	
		是否提醒客户安全驾驶,适当介绍车辆		未提醒客户安全驾驶,扣5分	
3	试乘试驾后	是否根据客户比较关心的问题以及车辆的特点准备应对的话术,解除客户的后顾之忧	10	未解决客户的问题,扣5分	
		是否引导客户填写《试乘试驾意见调查表》		未填写表格,扣5分	
4		分数合计		100	

三、学习拓展

假如你已经被公司正式录用转正,成为一名合格的销售顾问,客户在试驾后有一些疑问的地方,你作为销售顾问,应该用怎么样是话术来回应客户的疑问?

根据客户填写的调查表找出客户对产品不满意的地方,并向客户解释说明。

常见客户疑问及应对话术见表4-8。

常见客户疑问及应对话术　　　　　　　　　　　　　　　　　表4-8

客户疑问	话　术
发动机声音太大	您也知道我们的发动机来自欧洲，特点就是动力澎湃，您有没有注意到，发动机声音低沉有力，就像运动员一样
座椅太小	您注意到了吗？我们的座椅和其他车不太一样，包覆感很强，您刚才转弯的时候是不是感觉腰部的支撑很有安全感？
颠簸厉害	的确，正如您所说，这辆车的路感非常强，无论路况如何，您都会感到四个轮胎牢牢地抓住了地面，所以它的操控和制动才会如此出色
内饰沉闷	米色的内饰太淡了，较难清洁，黑色很酷，但略显压抑，有灰尘也非常清晰，二灰色是现在的时尚主流色调，宝马、奔驰等豪华车都纷纷采用灰色内饰，紧跟时尚
后排空间小	的确，轿车的后排坐三个人是有点挤，不过一般情况下我们都不会满员乘坐，您说是吗？在同级车里，我们的内部空间还是相对较大的
转向盘太小	的确，转向盘是比较小，这是采用现在流行的赛车制式转向盘设计，凸显运动驾驶本色，让您尽享驾驶快乐

四、评价与反馈

1. 自我评价与反馈

(1) 对本学习任务的学习你是否满意？

评价情况：_____

(2) 你能说出4S店试乘试驾的目的和意义吗？

评价情况：_____

(3) 你能独立完成与客户的试乘试驾工作吗？

评价情况：_____

(4) 你能做到在试乘试驾过程中展开合理的话术引导吗？

评价情况：_____

2. 小组评价与反馈

(1) 你们小组在接到做好试乘试驾的准备工作任务之后是否讨论过如何开展？

评价情况：_____

(2) 你们小组在进行试乘试驾任务时是否分工明确，相互配合的好吗？

评价情况：_____

(3) 你们小组在带客户进行试乘试驾时是否按照4S店的要求来开展任务的？

评价情况：_____

3. 教师评价及答复

(1) 小组综合表现：_____

(2) 优势：_____

(3) 提升之处：_____

学习任务五 异议处理树信心

任务描述

在汽车销售过程中,不可避免地会遇到各种客户异议,可能来自客户对产品和品牌的不了解,也可能是对销售人员的不信任,这都需要想法防范并将其排除化解,但不管是异议处理还是防范,这都是汽车销售过程中一个实用的技巧。上汽大众4S店来了一位客户购买车辆,在购买的过程中客户提出价格异议,你作为一名上汽大众4S店销售顾问如何根据客户异议做出合理的解释及处理方法。

一、知识准备

(一)客户异议的类型

客户异议就是在销售过程中导致客户不赞同、提出质疑或拒绝的过程。在销售过程中常见的异议有两种类型:真异议和假异议。

1. 真异议

客户对产品、服务不满意,或对产品、服务有偏见、误会等产生的异议。

1)产品价格太高

这是销售过程中最常见的异议,客户只会强调价格高,不会对你说价格便宜。因此销售人员必须要明白这种异议是一般客户所共有的人之常情的自然反应。而销售人员的标准反应模式是拒绝。

2)产品质量问题

这也是常见的一种异议,主要是针对产品的质量、性能、规格、颜色、包装等方面的异议。这可能是从新闻媒体、社会传闻得到的相关信息,也可能是竞争对手刻意的贬义信息,以及对销售人员所做的解释说明有意见或没有理解销售人员的话。

3)售后服务的担心

有些客户认为在销售活动结束后经常发现有付款之前客户是上帝,可付款后出现问题谁也不管,到处踢皮球的现象,这就谈不上服务态度了,这也是现实存在的问题;还有些客户认为售后服务点不够多,维修不方便;还有客户担心或怀疑服务站的技术能力。

4)支付能力

客户由于无足够的钱购买而提出的异议,这在现在的销售过程中已经属于常见现象。但有些客户碍于面子,不直接表现出来,有时会通过其他方面体现出来,如客户提出产品质量方面异议时,销售人员要善于辨别。

5)交易条件

这主要体现在交车时间、交车地点、折扣、赠送物品、免费维护次数、车场免费装潢、美容等。在现实的销售过程中,汽车公司一般都会有适当的措施,以让客户获得心理上的平衡。

6)对汽车公司、销售人员不满

由于外界因素造成客户对汽车公司不满,如竞争对手的宣传、朋友的抱怨、媒体负面报道等;也有客户可能对汽车公司或品牌知名度不高而留下的不良印象。还有就是销售人员仪容仪表仪态的不恰当而给客户留下不良的第一印象,使客户不满。

2. 假异议

客户用借口、敷衍的方式应付销售人员,目的就是不想诚意地和销售人员交谈,不想真心介入销售活动。

还有些客户提出很多的异议,但这些异议却不是他们真正在乎的地方。如提非常过分的要求、不愿意说、坚持自己错误的观点。这些现象表明,客户希望以上帝的身份出现,得到销售人员的恭维与尊重。

从客户的异议中,销售人员能获得更多的隐含信息(表5-1),能判断客户是否需求,能了解客户对建议接受的程度,并迅速调整销售策略。因此,销售人员要正确认识和妥善地处理,充分利用客户提出异议这一契机,及时给客户以满意的答复,策略性地使客户加深对商品的认识,才能有效地促成交易。

几种常见的客户异议的隐含信息　　　　　　　　表5-1

客户异议	隐含信息
我没听过这牌子	你必须证明公司值得信赖
这款车对我好像不太合适	你必须证明产品符合客户的需求
我顺道过来看看,还不打算购买	你必须说服客户现在就要购买是正确的选择
我觉得这款车性价比不高	你必须证明这款车物有所值
我觉得这款车外形不适合我这个年龄	你必须证明这款车符合客户的身份和年龄

(二)处理客户异议的不利心态

处理客户异议,销售人员首先应克服自身心理上对于客户异议的恐慌,尤其是刚刚做汽车销售的人员,面对各种客户异议时往往会产生一些不利于销售的心理状态,具体有以下几点。

1. 害怕被拒绝

这个主要是因为销售人员对自己客户不够了解,或者是选择达成协议的时机不成熟。其实就算提出交易要求被拒绝,也要坦然面对,商场中成败很正常!

2. 害怕被"嫌弃"

绝大多数的销售人员都是在有异议情况下达成的。所以,作为销售人员,必须要明确客户的心理、态度。如果客户对产品有异议,说明他在关注,并有所了解,这样的客户很容易成为成交客户。作为销售人员,要坦然面对客户的"嫌弃",要从多方面客观摆正客户的视觉,俗话说"嫌货才是买货人"。

3. 对自己产品不自信,担心不能满足客户需求

这种心理异议主要包括是对自己产品缺乏应有的信心,面对交易时害怕被拒绝的心理,或觉得竞争对手的产品更适合于客户。销售人员应明白,客户决定购买,是因为他对产品有相当的了解,认为产品符合他的需求,或许客户本身就没有期望产品会十全十美!同时,销售人员这种心理容易导致一些借口:即使交易最终没有达成,那也是产品本身的错,而不是销售员的工作失误。这样的心理实际上恰好反映了销售员不负责任的工作态度。

4. 不敢主动提出交易

这也是一种心理错位,销售人员要正确看待自己与客户之间的关系。销售人员向客户销售产品,获得经济利益,同时客户也从销售人员处获得产品和售后服务,能给客户带来实实在在的利益,提高工作效率,双方属于完完全全互惠互利的友好合作关系。销售员如果能真诚、主动地提出交易,成交率将大大增加。

(三) 处理客户异议的态度

1. 正确对待,不可紧张

在我们的日常汽车销售中,只有很少客户不提出异议的,销售人员必须勇于面对,既不要紧张也不要害怕,保持冷静,以良好的心态正确对待客户提出的异议。

2. 认真倾听,表示尊重

面对客户的异议,销售人员应承认客户的意见,并表示出对客户的尊重。同时必须要保持沉着、镇定,认真、仔细听完客户所说的异议的细节,弄清原因,对症下药。

3. 重复问题,认同回应

由于汽车产品的独特性,客户在描述问题时,可能不是很准确,销售人员要向客户重述其提出的异议,要让客户感到你在关注他所提到的问题并已经理解,这样才能缩短你与客户之间的距离,找出客户异议的真实来源和动机,最后提出相关的证据。

4. 从容解答,保持友善

销售人员在回答问题时要从容,应以沉着、坦白、直爽的态度,依靠公司、专营店所具有的大量相关资料的支撑和对客户异议真实了解,以口述或书面方式送交客户。要措辞恰当,语调和气,从容不迫。

5. 准备撤退,保留后路

销售人员应明白不是所有客户的异议都能解决,如果根据谈判结果认为一时不能成交,那就应该使客户成为潜在客户,不能表现出不耐烦的神情,为以后销售保留后路。

(四) 处理客户异议的时机

1. 在客户未提出异议时解答

防患于未然是消除客户最好的方法。销售人员可以从客户的表情、动作以及话语和声调都可能觉察到客户异议,此时最好在客户提出之前,就主动给予解决,争取主动。

2. 异议提出后立即回答

当面对客户提出他非常关心的重要事项,必须处理异议后才能继续进行的销售以及处理异议后能立刻下订单的情况,我们需要立即回答。这样既能增强客户的购买信心,又表示出对客户的尊重。

3. 过段时间再回答

在客户还没有完全了解汽车特征和利益之前的异议、销售人员权限之外的异议、客户异议明显不合情理及异议涉及较深的专业知识时,不要盲目地回答客户。与其仓促回答客户十个异议,不如从容回答一个异议。

4. 不回答

面对无法回答的、容易造成争议的话题、可一笑置之的戏言及异议具有不可辩驳的正确性时,销售人员可以选择沉默、装作没听见、按自己的思路说下去、答非所问等转移话题。

(五)处理客户异议的程序

1. 倾听客户异议

销售人员要认真倾听客户的异议,只有让客户公开自己的异议,销售人员才有可能了解客户的内心世界,以及用适当的销售策略和技巧,促成交易的达成。因此,对于客户的异议,无论有无道理和事实依据,销售人员都应仔细倾听,不要打断,表现出一种欢迎的态度,以表示对客户的尊重。从而有助于转变其态度,建立双方的信任,进而促进交易。

2. 分析客户异议

倾听了客户的异议后,销售人员必须借助自己的知识和经验,对异议进行深入的分析和考察,找出隐蔽在异议背后的真正根源,从而采取相应的处理对策。然而,要了解客户异议背后的真正动机并不是轻而易举的事情,因为在销售人员面前,大多数客户都会以各种借口或不真实异议来掩盖真实意图,销售人员要想有效化解客户异议,就必须深入分析客户提出异议的真正意图,设法探测到掩盖在表象后面的真正问题。分析探测客户异议的一个有效方法就是以提问或反问的方式重复客户异议的主要观点。如"您认为这种车型不适合您,是吗?""您是说这个车型比其他车型同类车性价比低吗?"同时,在客户回答反问问题时,销售人员赢得思考应变的时间。

3. 处理客户异议

1)做好处理客户异议的心理准备

销售人员要从心理上做好应对客户异议的精神准备,应充分认识到在销售中遇到客户异议是正常的。异议本身说明客户对其产品有兴趣,正等待销售人员的进一步介绍,因而可能是一个销售机会。正确地看待客户提出的异议,仔细研究其特性并以不同的策略对待它们,才能更接近客户和得到客户的信任,获得更多的信息,最终达成交易。

2)做好处理客户异议的工作准备

销售人员要充分了解自己的产品、价格、交易条件及企业的销售政策,特别要对销售车型的性能、优缺点、使用和维修方法等内容了如指掌。同时要了解市场动态,掌握同类产品的特点、行情及竞争对手的情况及所销售车型的供求趋势等。

3)灵活应对需求异议

销售人员要熟知处理客户异议的方法,并对常见客户异议和客户异议的原因进行分类,对每种不同的客户异议采用不同的方法和技巧进行处理。如财力意义是很多客户爱虚荣、攀比、追新潮等心理因素,导致客户要买高端产品。销售人员要针对客户的心理特征和实际情况,帮助客户认清自己的需求状况及经济条件,调整客户的需求欲望。如调整需求欲望都不能解决的,可以采取分期付款或延期付款等方法。总之,销售人员要熟练使用处理客户异

议的技巧,解决客户心中的疑问和异议,最终达成交易。

4)整理与保存客户异议资料

销售人员要注意将平时在销售活动中所遇到的各种异议记录下来,进行加工整理后作为资料保存下来,作为一种销售经验的积累,供日后参考之用。

(六)客户异议处理的方法

1.忽视法

当客户提出一些反对意见,却不是真的想要获得解决或讨论时,这些意见和眼前的交易没有直接的关系,销售人员只要面带笑容同意就好了。对于一些"为反对而反对"或"只是想表现自己的看法,高人一等"的客户意见,如果认真地处理,不但费时,而且有旁生枝节的可能,因此,只要让客户满足了表达的欲望,就可采用忽视法迅速引开话题。常用的忽视法有微笑点头(表示"同意"或表示"听了你的话")、"你真幽默""嗯!高见!"等。

2.补偿法

当客户提出异议且有事实依据时,销售人员应该承认并欣然接受,强力否认事实是不明智的举动,但要设法给客户一些补偿,让其取得心理上的平衡,即让他产生两种感觉:产品的价值高于或等于价格;产品的优点对客户重要,产品没有的优点对客户而言较不重要。如客户嫌车身过短时,汽车销售人员可以告诉客户"车身短有助于你方便地停车"。

3.太极法

太极法取自太极拳中的借力使力。太极法用在销售上的基本做法是当客户提出某些不购买的异议时,销售人员能立刻回复说:"这正是我认为你要购买的理由!"也就是销售人员能立即将客户的反对意见直接转换成客户必须购买的理由。

4.直接反驳法

有些情况销售人员必须直接反驳以纠正客户的错误观点。例如,当客户对企业的服务、诚信有所怀疑或当客户引用的资料不正确时,销售人员就必须直接反驳,因为客户若对企业的服务、诚信有所怀疑,销售人员拿到订单的机会几乎是零。但必须注意态度委婉,注意语言技巧,对事不对人。对于固执的客户最好不要用此法。

5.讨价还价法

价格是销售活动中的不可避免的客户异议。因为价格总是直接涉及客户的实际利益和企业的产品成本及经济利益,价格就成为销售活动中买卖双方讨论的主要议题。销售人员能否妥善处理价格异议,直接关系到交易的成败。

讨价还价分为出价、吊价和让价三个方面。

1)出价

出价分为两个方面,一是卖方出价,一般的汽车销售都有一个报价;二是买方出价,当某一款车符合客户需求而他又对报价感到不满时,可引诱对方出价。谈判中有句行话说:"先开口的是奴隶,后开口的是皇帝。"这句话就是说在讨价还价时"后开口"的将掌握谈判的主动权,所以在客户不能接受报价而又有价格下调的余地时,销售人员要尽量让客户主动出价。

2)吊价

无论买方第一次出价多少,一定要加以拒绝。如果销售人员在客户第一次出价就成交的话,客户不但会认为销售人员所报出的价格太虚假了,而且连他的出价都高了,否则销售人员不会那么爽快地就答应他的出价。如果折扣的获得十分顺利,客户会怀疑商品的实际价值和标价是否合理,或者可以获得更低的折扣。

3)让价成交

当销售人员确定买方在极力争取价格,并且非常喜欢本商品或显得急迫时,通常可以确定已经到达成交边缘,只要给出适当地让价,客户就会马上成交。此时,如果价格在销售人员可以接受的范围之内,就可以给客户适当地让价,以促成交易马上达成。

6. 询问法

礼貌地询问客户还需要考虑什么,鼓励客户说出心中的疑虑,探索到客户疑虑后要做一次重述,努力消除客户疑虑。但要注意,此种方法可能会引起客户反感,增加新的异议,还可能浪费时间,所以必须运用得当。

二、任务实施

(一)任务目标

(1)跟进客户,了解客户异议类型。

(2)根据客户异议类型,按照客户异议程序及方法处理客户异议。

(二)准备工作

1. 硬件资源准备

(1)实践环境:模拟4S店展厅实训室。

(2)设备:实训用车辆、客户休息区。

(3)工具和材料:饮品、水杯、展车相关资料、笔、纸、计算器。

2. 软件资源准备

客户异议分类及处理。

(三)注意事项

(1)区别客户异议的类型,是真异议还是假异议。

(2)正确掌握客户异议处理的态度及时机。

(3)按照客户异议处理的程序正确处理客户异议。

(4)按照客户异议处理的方法正确处理客户异议。

(四)工作内容

(1)对比所学知识,结合在4S店实际参观的经历,按照《客户异议分类及处理》主动了解客户情况,掌握客户异议分类并正确处理,见表5-2。

客户异议分类及处理   表5-2

序号	客户异议	所属类别 (根据性质划分)	所属类别 (根据内容划分)	处理建议
1	客户:"这种鞋设计得太古板,颜色也不好看。"	隐藏异议	价格异议	亲亲,您的想法也对呢,都有自己的不同看法嘛,不过您看看,这种版式结合这个颜色看起来很搭?您觉得呢?

续上表

序号	客户异议	所属类别（根据性质划分）	所属类别（根据内容划分）	处理建议
2	客户:"算了,连你(推销员)自己都不明白,我不买了。"	真实异议	客服人员异议	亲亲,真的很抱歉呢,我是新来的,可能专业知识不是很够,但是我可以找其他专业人员为您解答,同时我自己也会加强对专业知识的学习哦,真的很抱歉~~
3	客户:"给我10%的折扣,我今天就给你下订单。"	真实异议	价格异议	亲亲,真的呢,看咱俩聊得这么投缘,我也很想帮您呢,可是您看看这产品质量,看看这样式,我们已经是以最优惠的价格给您了呢,亲亲,您看看您也是看中了我们产品的质量,不是吗?
4	客户（一中年妇女）:"我这把年纪买这么高档的化妆品干什么,一般的护肤品就可以了。"	虚假异议	需求异议	姐,您看看这话怎么说的呢,我看着您还年轻着呢,皮肤也还蛮好的呢,我们总是要用化妆品的,不是吗?何不就用配得起自己皮肤的呢?
5	客户:"××公司是我们的老关系户,我们没有理由中断和他们的购销关系,转而向你们公司购买这种产品。"	隐藏异议	价格异议	亲亲,您看看,情谊固然重要,脱离生意场不是照样还可以做朋友吗?但是您也看见了不是吗?大家都是生意人,我们公司的产品质量明显高于您原本的合作公司的产品,但是价格上却更优惠呢,服务您自己也看到了不是吗?所以生意场上正当的竞争不是很好吗?
6	客户:"嗯,听起来不错,但我店里现在有7个品牌21种型号的牙膏,没地方放你的××牙膏了。"	虚假异议	需求异议	亲亲,您看看咱们的店面还是很大的呢,这样您看看可以吗?就是我们现在店铺里面刚好有个活动,您参与我们的活动获取优惠,先看看销售状况如何?好的话,我们再来洽谈如何?
7	分析结论			结论1:在和客户沟通的时候一定要多多用心,正确地读取理解客户所提出的异议,认真考虑客户异议采取相应的应对措施。 结论2:异议不等于拒绝,要善于挖掘客户的隐藏异议和虚假异议,从根本上解决问题。 结论3:嫌货才是买货人,要正视客户异议,积极挖掘解决

(2)任务评价标准。各小组可以根据以下的评分标准,检验本组学习效果;也可根据评分标准评价其他小组学习效果,任务的评价标准见表5-3。

客户异议好处理评价标准　　　　　　　　　　　　　　　　表5-3

评价内容		考 核 点	规定分	得分
职业素养 (20分)	职业道德	诚实严谨,遵守纪律,独立完成任务	5	
	职业能力	具有充分的自信和较高的专业水平,有说话技巧,能抓住客户的心理;具有丰富的商品专业知识和清晰的表达能力,能准确把握产品的卖点,能在规定时间内完成任务	7	
	商务礼仪	仪容整洁,服饰大方得体,体现职业要求;姿态端正、稳健,神态自然、热情大方	8	
异议处理过程 (80分)	异议处理开场 (10分)	微笑:推销第一技能,做到自然大方	2	
		问候:打开话题的前提,做到文明礼貌	3	
		注视:用眼睛传递诚恳自信	3	
		自我介绍语言新颖:姓名、单位、来意	2	
	异议处理过程 (50分)	观察客户反映,判断消费者心理,初步判断消费者的类型	3	
		能针对不同的产品(服务)和不同类型客户选择适当的处理方法	5	
		异议处理语言表达准确,口齿清晰,动作大方	5	
		推销表情丰富,具有感染力,具有良好的异议处理礼仪	4	
		能准确、全面地说出产品的基本情况,突出商品的差异特点、优势和带给消费者的利益	10	
		能与客户进行沟通,产生互动,并能得到客户的信任	8	
		能解答客户的各种疑问,消除客户的疑虑,能巧妙处理客户异议,让客户信服	15	
	推销结束 (20分)	及时把握成交机会,结束异议处理	5	
		客户意见,巧妙地取得客户的联系方式	5	
		异议处理结束,要注意礼貌告辞,给客户留下好的印象	3	
		按照情景设定情况限时完成,超时或未完成考核任务的,酌情扣1~5分	5	
分数合计			100	

三、学习拓展

某公司王先生一家人(王先生夫妻二人、孩子、两位老人)来店购买车辆,在购买过程中每个人都提出了不同的异议,为了更好地了解客户异议,通过掌握客户异议类型按照正确的处理程序和方法,完成异议处理,需确定完成以下工作步骤:

(1)分析客户类型及客户异议处理类型。

(2)按照客户异议处理程序正确处理。

(3)根据客户异议及分类处理表综合分析客户异议类型,提出不同处理方案。

四、评价反馈

1. 自我评价

(1) 对本学习任务的学习情况是否满意？
_____

(2) 你能够清楚地说出意向客户的类型有哪些？
_____

(3) 请你清晰地表述出电话礼仪的要点及注意事项？
_____

(4) 你是否能够完整地填写客户意向跟进表？
_____

2. 小组评价

(1) 你们小组在接到任务时是怎样讨论分工完成任务？
_____

(2) 你们小组在完成任务的过程中是否分工明确并各自完成了相关任务？
_____

(3) 你们小组在完成任务后是否能够正确地完成自评、互评，并总结优缺点加以讨论？
_____

3. 教师评价

(1) 各小组完成任务情况。
_____

(2) 各小组完成任务分工及参与情况。
_____

(3) 各小组自评、互评及总结情况。
_____

学习任务六　签约成交有方法

学习目标

完成本学习任务后,你应当:

1. 能够说出常见的帮助成交的方法,并能举例说明;
2. 运用不同的成交方法设计不同的促成交易话术;
3. 运用签约成交的技巧,达成新车交易;
4. 能正确填写新车订单及购车协议等相关文件,清楚购车协议中的注意事项;
5. 能准确计算新车款项(全款、分期付款和装饰款项),能说出分期付款的办理流程和周期;
6. 能说出办理新车交款手续的流程,并能顺利带领客户交款。

学习内容

1. 签约成交的方法及应用;
2. 新车订单及购车协议填写及注意事项;
3. 汽车信贷介绍;
4. 付款方式及贷款介绍;
5. 分期付款金额计算、流程介绍及准备资料。

建议学时:18 学时。

子任务1　签约成交有技巧

任务描述

客户张先生是你两周前接待的一个客户,在这半个月的时间里他一共来了展厅两次,通过前两次交流基本达成了对大众帕萨特轿车的购车意向,客户张先生考虑到购车是家庭大事,想带家人一起过来再做决定;经过你的努力,张先生和家人终于在今天上午到店了。请你根据张先生购车经历和实际情况,接待张先生及其家人,最终达成新车成交。

一、知识准备

(一) 直接请求促成法

直接请求促成法是指销售人员得到客户的购买信号以后,直接提出建议购买的方法。

销售人员直接使用这种方法,可以大大缩短达成交易的时间,从而尽快签约。在直接提出建议购买之前,销售人员已经做了大量的准备工作,而不能简单地提出交易。

直接请求促成法不是在每一次的汽车销售交易中全都适用。销售人员要考虑当时洽谈的场合和情形,所销售的汽车产品等方方面面的因素,综合考虑以后才能决定是否使用该方法,切记操之过急。

直接请求促成法在以下几种情况下运用效果会更好:

(1)销售人员较熟悉的老客户、保有客户或与新的意向客户已经确认建立了互信关系。
(2)在销售过程中客户发出语言、行为、表情、事态等信号。
(3)客户对销售人员的产品介绍表示十分赞同。
(4)客户购车意向明确,但不愿主动提出成交建议。
(5)销售人员处理完客户重大异议之后或成功帮助客户解决某项困难时。
(6)当销售人员拿出购车合同做试探,而客户没有明显拒绝反应时。

在使用直接请求促成法时,需要注意避免下列情况:由于直接请求这种语言过于激烈,容易引起客户的强烈反感导致成交失败;如果销售人员在对使用条件的主观判断有误时,客户也会抵制成交。

【案例1】

销售人员:李先生,是否能把您的相关证件给我,让我帮您办理购车手续?

客户:好的,在这里。

销售人员:手续办完了,这边请,我们去挑选一辆新车吧!

(二)假设成交法

假设成交法是指销售人员在假定客户已经接受销售建议,在同意购买的基础上提出一些具体的成交问题,需要客户对某一具体问题做出答复,从而要求客户购买的一种成交法。

假设法最大的优点就是节省销售时间;又因为是暗示成交,可以把销售提示转为购买提示,适当减轻客户的成交压力;还可以将把客户的购买信号转化为购买行为,促进交易。

假设成交法常在下面几种情况下使用:

(1)已经取得互信的保有客户、新的意向性客户、依赖型客户和性格随和的客户。
(2)明确发出各种购买信号的客户。
(3)对现有的汽车型号很感兴趣,并且没有提出异议的客户。
(4)提出的各种异议已经被有效地解决了的客户。

销售人员在运用此方法时,如果没有能够捕捉住成交信号,则会给客户造成一定的购买压力,引起客户反感,反而破坏洽谈成交的气氛。如果客户依然无意购买,不要勉强做强行销售,以免给客户留下强人所难的不好印象。

【案例2】

销售人员:看得出来您对这辆车的各方面性能特点都比较了解了,也比较喜欢。您若购买,是喜欢银色还是黑色的?

客户:我很喜欢银色。

销售人员:您真会选车呀、有眼光,这款车银色是非常的好卖,差不多快脱销了!

(三)二选一成交法

二选一成交法,又称"选择成交法",是指汽车销售人员通过提出选择性问句,让客户在提供的选择范围之内作出回应。它的要点就是使客户无法回避要还是不要的问题,堵住客户说出"不"字。

二选一成交法适用的前提是:客户不是在买与不买之间作出选择,而是在产品属性方面作出选择,诸如产品价格、性能、服务要求、订货数量、送货方式、时间、地点等方面作为选择成交的提示内容。

销售人员所提供的选择事项应让客户从中做出一种肯定的回答,而不要给客户一种拒绝的机会。向客户提供选择时,尽量避免提出太多的方案,最好是两项,最多不超过三项。

【案例3】

销售人员:李先生,您是喜欢自动换挡还是手动换挡的?

客户:这车主要我老婆开,我想还是自动换挡的比较好。

销售人员:那是那是。那对于颜色您是喜欢珍珠白还是喜欢苹果绿呢?

客户:我夫人比较喜欢绿色,也就是苹果绿。

(四)诱导法

诱导法是通过提问、答疑、算账等方式,向客户提示购买所能带给他们的好处,以充分调动其"机会难得,不能坐失良机"的心理效应,营造成交气氛。例如:折扣、抽奖、送礼物等,从而打动客户的心,刺激他们的购买欲望。销售人员可以这样说:

(1)"促销期快过了,价格就会上升……"。

(2)"这款车只有一辆了,你要的车已经有别的客户想要了,不过如果您今天订车的话……"。

(3)"现在购买本款车(明确告诉活动期限),我公司送倒车雷达和防爆膜,数量有限"。

(4)"如果您现在买车,正好赶上大假,您可以带着家人一起出门旅游,多方便"。

(5)"这是我们市里唯一的一款车了,其他商家早就断货了"。

(五)不断追问成交法

不断追问成交法,是对那些犹豫不决、考虑再三的客户。有些客户会说:"我正在考虑是否购买。"这表示他目前根本不想买。面对这种客户,销售人员必须要比平时多付出一些热诚,同时要专心倾听客户所说的话,千万不要妄加批评。

"如果不仔细考虑的话……"像这样的说法,接下去的话,一定不是明确的拒绝,而是一句毫无意义的话。把这些模棱两可的话,变为明确的决断,便是汽车销售人员的责任。假如能做到这一点,那么你就可以说服客户了。销售人员可以通过不断连续的发问,问出客户的真实想法和目的。

【案例4】

客户:如果不仔细考虑的话……

销售人员:我正洗耳恭听,您认为这辆车还要加以考虑,不知是什么原因呢?是我们公司不符合您的要求吗?

客户:不是。

销售人员:那么,是这款车的动力不好吗?

客户:不是。

销售人员:是因为价格吗?

客户:是呀!我所考虑的就是价格太高了呀!

销售人员:这辆车的价格是比其他几款车高一点,但是这款车性能和配置都比其他几款车高,算下来性价还是很不错的。

(六)富兰克林成交法(利益总结法)

利益总结成交法的核心内容是:销售人员把客户购买产品所能得到的好处和不购买的不利之处一条一条列出,用列举事实的方法增强说服力。通过列举、对比产品的有利点,并作详尽的分析,促使客户作出决策。

当客户在不同车型间犹豫不决时,可列出一张表格,左侧写下竞争车型的有利点,右侧写下我们车型的有利点,以直观的方式让客户意识到购买我们车型的优点以及能获取的利益更多。对于其中列出的项目,只要能够以数量的概念进行分析的,都应通过数字进行强化,见表6-1。

富兰克林成交法对比实例　　　　　　　　　　　　　　表6-1

竞争车型		我们的车型	
项目	价格	项目	价格
4探头倒车雷达	¥+500		无
自动恒温空调	¥+500		可变排量空调
轴距2 700mm		轴距2 803mm	
行李舱容量398L		行李舱容量475L	¥
车身单面镀锌钢板		车身100%双面镀锌钢板	¥
×		激光焊接,车身缝隙小于3mm	¥
×		空腔注蜡	¥
×		车身12年防腐蚀	¥
×		NCAP碰撞4星,2005年5星同Volvo	¥
×		2个氧传感器	¥
少量		Can bus控制器联网技术	¥
×		E-Gas节气门	¥
×		0.28风阻系数	¥
×		车顶人性化阻尼式扶手	¥
配备价格	¥+1 000		
车价	¥149 800		¥184 000
车价差	¥34 200		
潜在总值	¥34 200+¥1 000=¥35 200		¥+50 000

(七)赞美法

此方法比较适合那些自诩为内行、专家、十分自负或情绪不佳的客户,让其从内心里接受你的赞美,促进成交。例如:"您真是内行专家""您真有眼光""择日不如撞日""今天日子不错,有纪念意义"等。

二、任务实施

(一)任务目标

(1)根据不同的场景,运用不同的成交方法设计不同的促成交易话术,并进行演练。

(2)根据积累的促进成交话术,根据任务描述中的张先生的实际情况对其进行接待和引导,最终达成交易。

(二)准备工作

1. 硬件资源准备

(1)实践环境:模拟4S店展厅实训室。

(2)设备:实训用车辆。

(3)工具和材料:A4纸、笔、销售工具包、汽车四件套、车钥匙等。

2. 软件资源准备

产品资料、展车手册、销售文件、销售工具包。

(三)注意事项

(1)接待客户要关注客户需求,在恰当时机向客户提出是否能够成交,切不可强行要求客户成交。

(2)与客户建立良好的信任关系,让客户放心购买。

(3)当进行成交谈判时,承诺客户的事项在交车环节就一定要兑现;切记不做没有把握或越权的承诺,如有必要,一定要向展厅经理请示。

(4)不同客户性格、购车需求和实际情况不同,应采用适合客户的成交方法帮助成交,切不可僵硬套用成交办法。

(5)准确把握客户成交信号,主动提出签约成交进行试探;如未成功,继续和客户交流帮助客户解决问题,切不可认为该客户不能成交,并转变态度。

(6)在接待中如与客户意见不一致,要尊重客户意见,切不可强加观念给客户;如客户提出不合理要求无法解决时,可向展厅经理反映并寻求帮助。

(四)工作内容

要完成对客户张先生及家人的接待并最终达成交易的任务,我们需要先进行知识的储备,在掌握促进签约成交方法的前提下,结合良好规范、热情地接待,方能达到事半功倍的效果。

(1)根据表6-2的指引,运用合理的话术将表格填写完整后,分小组进行演练,达到掌握不同方法在不同场合下的正确运用。

促进签约成交方法话术运用　　　　　　　　　　　　　　　　　　　　表 6-2

案例描述：客户张先生是你两周前接待的一个客户，在这半个月的时间里他一共来了展厅两次，通过前两次交流基本达成了对大众帕萨特轿车的购车意向，客户张先生考虑到购车是家庭大事，想带家人一起过来再做决定；经过你的努力，张先生和家人终于在今天上午到店了。			
序号	成交方法	具体话术	效果反馈
1	直接请求促成法		
2	假设成交法		
3	二选一成交法		
4	诱导法		
5	不断追问成交法		
6	富兰克林成交法		

（2）根据成交话术，对客户张先生及家人进行接待，并运用成交技巧，达成交易。为完成该任务，制订促进客户成交记录表，小组其他成员对接待促进成交环节核心点记录，帮助改进提高，见表 6-3。

促进客户成交记录表　　　　　　　　　　　　　　　　　　　　　　表 6-3

序号	客户表现及反应	销售顾问促进成交方法	核心要点
1			
2			
3			
…			

（3）任务评价标准。各小组可以根据以下的评分标准，检验本组学习效果；也可根据评分标准评价其他小组学习效果，各任务的评价标准如下。

①编写促进签约成交话术评价标准，见表 6-4。

学习任务六　签约成交有方法

促进签约成交话术评价标准　　　　　　　　　　　　　　　　　　表 6-4

序号	评价标准	是	否
1	是否主动暗示或者提出成交请求		
2	是否出现强行要求客户成交话术		
3	设计的话术是否存在轻视贬低客户的语言		
4	是否能够根据客户的具体情况,设计符合情形、实际情况的话术		
5	是否在话术中体现了对客户及随行人员的关怀和服务		
6	是否在话术中设计了客户在成交前的疑虑环节		
7	设计的话术是否符合表达习惯,逻辑是否连贯		
8	话术是否能体现客户至上的理念		
9	词语表达是否体现丰富情感,语句连贯通顺,符合表达习惯		
10	是否使用积极向上、正能量的词语,不用贬低性、攻击性语言		

②接待客户并促进成交评价标准,见表 6-5。

促进成交评价标准　　　　　　　　　　　　　　　　　　　　　表 6-5

位置	考核点	评分标准	分值	得分
1	服务礼仪	(1)邀请客户进入洽谈区洽谈,并递上客户需要的饮品	5	
		(2)与客户交谈时,目视对方,面露微笑,并不时点头认同客户	5	
		(3)用笔记录与客户交谈的重点,并将关键信息,如成交条件与客户进行再次确认	5	
		(4)关注随行人员的表达并照顾其需求	5	
2	产品介绍	(1)在洽谈成交环节,对客户提出关于产品疑问进行解答	10	
		(2)成交之前,客户以及随行人员是否对产品已经有全面了解	5	
3	成交请求	(1)销售顾问在与客户洽谈中,是否有主动提出成交请求	10	
		(2)销售顾问的成交请求是否合理,是否存在强行要求客户成交现象	10	
4	成交话术	(1)销售顾问的成交话术表达是否连贯,大方得体	5	
		(2)是否能够体现运用了成交方法或蕴含成交技巧	10	
		(3)让客户建立在信任基础上进行成交,不虚构不隐瞒	5	
5	成交承诺	(1)明确承诺条件,承诺客户的条件要兑现	10	
		(2)坚持销售底线,不承诺办不到的条件,并对客户做好解释工作	10	
		(3)对超出权限范围的条件,要向经理申请,并经经理同意后才能答应客户	5	
6		分数合计	100	

三、学习拓展

来展厅看车客户的情况各不相同,因此我们接待展厅客户是非常灵活的工作,也是非常考验销售顾问销售能力的工作。一般来说,客户都在来到店 3~4 次后才会成交,但在实际工作中也会遇到第一次到展厅看车就成交的现象,现在请你根据所学知识,想一想如何接待购买意向非常强烈,并能抓住机会,成功地让客户签约。

要让第一次来店的客户签约,你需要从以下几个方面做好准备。

(1)辨别客户真实意图,区分为了打探最低价格而冒充要购买汽车的客户。

(2)要辨别客户煽动性的购买语言,如:"我今天肯定要在这订车""只要汽车的价格合适,我就购买"等,要明确一点:只有在明确客户的需求,客户对车型要求等具体信息之后,客户才会购买,否则那些煽动性购买语言都是无效的。

(3)做好客户需求分析,落实客户需求车型的库存情况,往往现场订车客户很有可能就是着急提车,因此明确车型和库存。

(4)不建议采用毫无原则的降低价格的方式来激发客户购买欲望,要留有利润和让价空间,以防客户再提新要求。

(5)虽然第一次到店成交客户特别少,但销售顾问要保持良好心态,不急不躁有条不紊地按照销售流程进行。

(6)客户购买行为是冲动的,特别是首次到店表达成交意愿的客户,销售顾问要让客户保持情绪高涨,一旦客户的购买情绪低落下来,就可能放弃购买。

四、评价反馈

1. 自我评价

(1)对本学习任务的学习,你是否满意?

_____

(2)你能说出常见的促进客户签约成交的方法吗?

_____

(3)你能根据客户的反应,主动提出成交请求吗?

_____

(4)你能运用签约成交方法,顺利完成签约成交吗?

2. 小组评价

(1)你们小组在接到任务之后是否讨论如何完成任务?

_____

(2)你们小组在制订签约成交话术以及演练过程中是否有明确的分工,相互配合的好吗?

_____

(3)你们在任务演练环节,是否按照实训室7S标准进行?

3. 教师评价

(1)小组综合表现:_____

(2)优势:_____

(3)提升之处:_____

学习任务六　签约成交有方法

子任务2　签约手续走流程

任务描述

在你的努力下,客户张先生及其家人终于同意购买大众帕萨特轿车,你们双方也就成交事宜达成了一致,顺利地进入了签约阶段。那么如何签订新车购销协议,签订新车购销协议又要注意哪些事项呢?

一、知识准备

（一）签约前的准备

签约是一个正式的销售环节,一定要做好事先的准备工作,才能防范签约阶段可能出现的风险,避免在成交后再引起争议。签约前需要准备的资料见表6-6。

签约前需要准备的资料　　　　　　　　　表6-6

资料名称	说　明
正式的合同样本	一份拟好条款的正式合同样本,同时,销售顾问必须对其中所有条款十分熟悉,以确保可以向客户准确解释每一条的含义
一份最近三个月成交客户的清单	清单内容应包括购车客户的名字、所购车型、购买日期、数量等内容。那些购车后特别满意的客户的资料尤为重要
过去三个月成交客户合同的复印件	最好选择那些成交价格较高的合同,不用太多,五份就足够了
过去一个月的潜在客户的名单	应包含客户的个人资料,喜欢的颜色、车型、用途等
现在库存的车型清单与数量	销售顾问应确保对车库的车辆熟悉

（二）确认合同内容时应注意的事项

1. 请客户确认报价的内容

根据报价单的内容确认合同中各项费用的数额,包括车辆价格、保险费、上牌费、精品加装的费用等内容,确认费用的项目、单价、合计数是否正确,避免出现差错。

2. 确认交货期

在汽车销售的过程中,由于受车型、颜色的影响,一般的经销店都会存在货源不足的情况,有些车型和颜色可能需要订货。因此,在签订合同之前,销售人员一定要再次检查库存状况,对于没有现车的车型,要确认车辆到货时间,并向客户说明,得到客户的认可,才能在合同中注明交货时间,绝不能为了促成交易而欺骗客户。

3. 准确填写合同中的相关资料

一般汽车销售店的合同都是打印好的格式文本,销售人员在填写的时候一定要认真,特别是在车型、车辆识别代码、颜色、规格、客户资料等内容的填写上不能出现错误,并要求客户进行最后的确认。

4. 交销售经理审核

在签订合同之前要先交销售经理进行审核,特别是确认销售的价格、优惠的幅度、交货期等主要内容,要在得到销售经理的认可后,方可与客户签订购车合同。

(三)签约与付款的注意事项

1. 专心处理、杜绝干扰

签约是销售过程中最为关键的环节,此时不允许出现任何的失误。如果这时客户再改变主意,对销售人员的打击将是巨大的。因此,在与客户签约的过程中,必须专心处理客户的签约事宜,谢绝外界的一切干扰,不要接听电话,更不要去接待别的客户,以表示对客户的尊重。

2. 请销售经理出面

销售人员要协助客户确认所有的细节,并请销售经理出面,向客户致谢、寒暄问候,以示对客户的重视。然后请客户在合同上签字,客户签字后把合同书交一份给客户。

3. 交款及安排车辆

销售人员带领客户前往财务部交款,并开出发票,销售人员要审核发票的内容是否正确,并让客户再次确认;对于订车的客户,先交纳订单,并开出定金收据。客户交款后,由销售经理安排配车。

(四)履约与余款处理的注意事项

在与客户签约后,履约的工作同样重要,如果不能按合同的内容履行合约,则会造成严重的后果,除了降低客户的满意度外,甚至还会引起法律纠纷。因此,在签约到交车的过程中,销售人员要与客户保持密切的联系,进一步加强与客户之间的感情维系。

(1)销售人员要根据实际情况与客户约定交车时间,特别是订货周期比较长的客户,更要明确交货时间,避免因无法交车而给客户的工作和生活带来不便,并将交货日期写入合同中。

(2)对于订货的客户,在客户等车的过程中,要保持与客户的联系,及时告知车辆的情况,如何时开始生产、是否发运,以及预计到货时间等,从而增强客户等待的信心。一旦出现延迟交车的情况,一定要提前告知客户延迟的原因,以求得客户的谅解。切不可等到客户主动询问到货情况时再告知,这样客户就会对经销店和销售员产生不信任感。

(3)在车辆到店前一天通知客户准备提车,告知余款金额,以及交车时间需带的资料(订单、收据、身份证等),并了解客户的付款方式以及来店时间,告知客户交车所需要的时间,以便客户安排足够的时间来办理交车手续。

(4)从签约到交车是销售人员与客户进行感情维系的有利时机,如等车期间恰逢节日或客户生日,邮寄一份小礼物表示心意,往往能拉近销售人员与客户的距离,提高客户的满意度和忠诚度。

(5)销售人员要进行余款交纳的跟踪确认,在交车前确认各种款项已全部支付,并核对开出的发票,直到客户交齐所有款项才能交车。

(五)签约后的注意事项

客户签约后,应尽快告辞并提供下一阶段的服务。"时间就是金钱",无论是对客户,还是对销售人员来说都一样,过多地闲谈,既浪费自己的时间和精力,又容易引起客户的不满。

签约后,销售人员通常会比较高兴,甚至兴奋,但不宜过多地在客户面前流露。过分的喜悦,会让客户觉得销售人员在这次交易中获得了意外的利益。应该留给客户这样的印象:销售人员对交易的成功感到高兴,但会经常获得这样的生意,这次的成交并无特别之处。这样做的目的是避免给客户心里留下疑虑。签约后客户对洽谈内容有时还会存有一些担心,所以不忘适时地美言客户几句,一定要给客户留下"确实买了一样好东西,物有所值"的印象。

(六)汽车信贷

所谓汽车消费信贷,就是金融机构对消费者个人发放的、用于购买汽车的贷款。换句话说,就是银行向在与该行签订了《汽车消费贷款合作协议书》的特约经销商处购买汽车的借款人发放的用于购车的贷款。它是银行为解决购车者一次性支付车款困难而推出的一项业务。

需要注意的是,并不是在所有的汽车经销商处购车都可以获得汽车消费贷款,只有在特约经销商处购车才可以申请汽车消费贷款。特约经销商是指在汽车生产厂推荐的基础上,由银行各级分行根据经销商的资金实力、市场占有率和信誉进行初选,然后报到总行,经总行确认的,与各分行签订《汽车消费贷款合作协议书》的汽车经销商。

在了解如何分期付款买车之前,我们要先了解贷款买车的几种类型。随着汽车成为大众消费的物品,银行和其他金融机构也纷纷使出浑身解数,纷纷推出多种贷款方式。现在较为流行的贷款方式有信用卡分期贷款、银行分期贷款、汽车金融公司分期贷款、担保公司、金融公司贷款等方式。每种方式对购车的首付要求也不一样。

1. 信用卡分期付款买车

对于信用卡分期付款买车来说,这是较为便捷和简单的操作方式。首先客户要有贷款银行的信用卡,每个银行的具体信用卡的业务不一样,也需要大家货比三家,仔细挑选。信用卡属于信用贷款,无须抵押物,办理起来较为方便,办理者只要有足够的资料证明自己的还款能力就可以申请。提交身份证明、收入证明、居住证明,并按银行要求申请信用卡后,就可以选择自己喜欢的车,有的汽车销售公司适合信用卡分期付款的车型是有限的。

2. 汽车金融公司贷款

对于汽车金融公司贷款来说,比较方便,直接到公司相对的4S店挑选好车,根据要求提供相应的资料,比如身份证明、收入证明、居住证明,接着填表,再根据金融公司的要求签约,就基本可以等待提车了。

3. 银行分期贷款

信用卡分期贷款侧重于平民阶层,信用良好又有稳定的收入。银行分期贷款侧重于较有资产的贷款者,因为银行贷款一般需要抵押物。汽车金融公司和担保公司门槛较低,但利率相比较来说较高些。

4. 汽车贷款流程

申请→调查→审批→抵押→保险→放贷→还贷→清户。

5. 贷款对象

凡贷款人在当地有固定住所、具有完全民事行为能力的自然人和经工商行政管理机关核准登记的企、事业法人都可以进行汽车消费贷款。

(1)个人:具备完全民事行为能力;具有稳定的职业和偿还贷款本息的能力,信用良好;能提供有效抵押物或质物,或有足够代偿能力的个人或单位作保证人;能支付购车首期款项。

(2)单位:具备法人资格的有偿还贷款的能力的单位,在指定的银行存有不低于规定数额的首期车款,有贷款人认可的担保等。

6. 贷款期限

贷款期限一般为 1~3 年(含),最长不超过 5 年(含),如采用贷款到期一次性还本付息的,贷款期限控制在 1 年(含)之内。

7. 贷款的方式

(1) 车辆抵押:是以借款人所购车辆作抵押的,应以其价值全额作抵押。

(2) 质押:其他抵押质押以贷款人认可的其他抵押物作担保的,其价值必须大于贷款金额的 150%;以无争议、未做挂失,且能为贷款人依法实施有效支付的权利作质押者,其价值必须大于贷款金额的 110%。

(3) 第三方保证。

8. 贷款金额

以质押方式或由银行,保险公司提供连带保证的,首期付款不少于车款的 20%,借款金额最高不得超过车款的 80%。

以所购车或不动产抵押申请贷款的,首期付款不少于 30%,借款金额最高不超过车款的 60%。

以第三方保证方式的,首付款不得少于车款的 40%,借款额度最高为购车款的 60%。

9. 贷款利率

根据贷款期限长短按中国人民银行公布相应档次贷款利率执行。

10. 贷款申请

办理贷款须提供的资料:

(1) 个人:贷款申请书;有效身份证件;职业和收入证明及家庭情况;与指定经销商签订的购车合同或协议;担保所需的证明文件。

(2) 事业法人:贷款申请书,法人执照,法人代码证,法定代表人证明文件;上年财务报告,上月资产负债表,损益表和现金流量表;与指定经销商签订的购车合同或协议;抵押物,质押物清单和有处分权人同意抵押,质押的证明。

11. 贷款偿还

按月偿还等额本金或等额本息。借款人应于贷款合同规定的每月还款日前,主动在其存款账户上存足每月应还的贷款本息,由银行直接扣收每月还贷本息。经贷款人同意允许借款人部分或全部提前还款。

12. 其他相关规定

(1) 以所购轿车作为抵押的,购车人首期付款不得少于购车款的 30%,贷款额不得超过购车款的 60%。

(2) 贷款期限分 3 个档次:1 年以内(含 1 年),1~3 年(含 3 年),3~5 年(含 5 年)。

(3) 贷款本息偿还方式如下:

① 款期 1 年(含 1 年)以下的,实际一次还本付息,利随本清。

② 款期 1 年(不含 1 年)以上的,借款人提款后的第二个月相应日开始还款。

③ 借款人要求提前还本息的,应提前一个月书面通知贷款行。

④ 轿车消费贷款不能延期。累计 3 个月拖欠贷款本息的,贷款行有权处置抵押物或向贷款人行使追索权。

(七)费用计算和贷款流程

1. 费用计算

$$车价首付款 = 现款购车价格 \times (首付比例 20\% \sim 80\%)$$

$$首期付款总额 = 首付款 + 保险费 + 牌证费$$

$$贷款额 = 现款购车价格 - 首付款$$

月均付款以五年期为例,计算公式为:

$$每期还本金额 = \frac{贷款本金}{还款期数}$$

$$每期应还利息 = 上月剩余本金 \times 贷款月利率$$

2. 汽车贷款业务工作流程(图6-1)

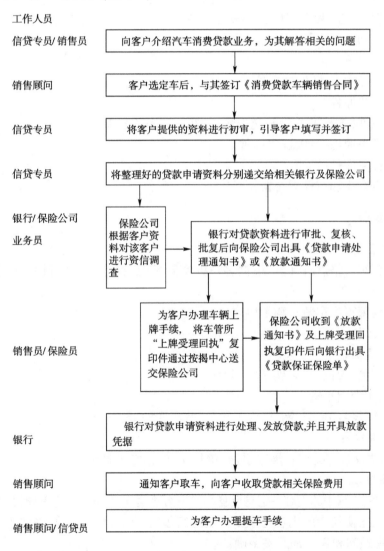

图6-1　汽车贷款业务工作流程

(八)汽车按揭资料

1.客户需要提供的资料

(1)夫妻双方身份证(原件)。

(2)夫妻双方户口簿(原件)。

(3)婚姻证明(原件)。

(4)驾驶证(原件)。

(5)房产证、土地证(原件),或有发票的购房合同,或住房证明(村/居民委员会盖章)。

(6)近六个月银行流水(要有户名,银行盖章)或存折(复印拍照)。

(7)夫妻双方收入证明,有营业执照的提供营业执照和公章。

2.车行需要提供的资料

(1)车辆合格证或关单商检单(复印件)。

(2)首付款(订金)凭证,加盖财务章。

(3)购车合同,加盖公章或合同章。

(4)确定发票价。

3.上牌后车行需要提供的资料

(1)车辆发票原件。

(2)保单原件(包括商业险及交强险)加第一受益人批单。

(3)登记证书原件、行驶证复印件。

(4)完税证复印件(两页)。

(5)上牌后车主和车辆需合影。

二、任务实施

(一)任务目标

(1)能对新车价格进行计算,根据客户的实际情况,推荐合适的付款方式,并将分期付款的办理流程告知客户。

(2)能正确填写汽车新车购销协议。

(二)准备工作

1.硬件资源准备

(1)实践环境:模拟4S店展厅实训室。

(2)设备:实训用车辆。

(3)工具和材料:A4纸、笔、销售工具包、汽车四件套、车钥匙等。

2.软件资源准备

新车购销协议、产品资料、展车手册、销售文件、销售工具包。

(三)注意事项

(1)新车购销协议中的内容一定是反复和客户沟通,客户对协议内容无异议才能进行签订。

(2)新车购车协议中的内容每项都需要进行填写,不能留有空缺,确实不填写的内容要用笔划去,销售顾问和客户都要签字确认。

(3)在协议中关于车辆信息栏中,对于新车价格和配置要标准清晰、明确。

(4)购车协议一定要明确交车时间,如遇仓库无现车或在途车情况,一定要留有足够运输时间,确保能在约定时间交车。

(5)购车协议双方签字,各执一份,有一方未签字都不能生效。

(6)如果客户是分期付款,要先核定客户是否符合分期付款条件,并与客户说明分期付款办理流程和所需时间,让客户清楚以免留下疑问。

(7)签订的定金合同或者购车协议一定提醒客户妥善保管,以免客户遗失带来不必要麻烦。

(四)工作内容

1. 签订购车合同

情景构成:

时间:30min。

地点:4S店新车展厅。

人员:客户张先生、销售顾问小杨。

情景介绍:张先生已经确定购车,销售顾问小杨与张先生签订购车合同。

模拟签订购车合同情景签订合同,同时销售顾问小杨按下面合同向客户张先生解释合同条款。

汽车产品购销合同

销售方(以下简称"甲方"):＿＿＿＿＿＿＿＿＿＿

地址:＿＿＿＿＿＿＿＿＿＿　　邮编:＿＿＿＿＿＿＿＿＿＿

电话:＿＿＿＿＿＿＿＿＿＿　　传真:＿＿＿＿＿＿＿＿＿＿

负责经办人:＿＿＿＿＿＿＿＿＿＿　　手机:＿＿＿＿＿＿＿＿＿＿

买受方(以下简称"乙方"):＿＿＿＿＿＿＿＿＿＿

身份证号码或公司注册号:＿＿＿＿＿＿＿＿＿＿

地址:＿＿＿＿＿＿＿＿＿＿　　邮编:＿＿＿＿＿＿＿＿＿＿

电话:＿＿＿＿＿＿＿＿＿＿　　传真:＿＿＿＿＿＿＿＿＿＿

负责经办人:＿＿＿＿＿＿＿＿＿＿　　手机:＿＿＿＿＿＿＿＿＿＿

乙方就订购所需车辆(以下简称[合同车辆])事宜,与甲方达成一致意见,双方于＿＿＿＿年＿＿＿＿月＿＿＿＿日签订[本合同]。

1)[合同车辆]规格及价款(表6-7)

[合同车辆]规格及价款　　　　表6-7

车型代码	颜色	单价(人民币:元)	数量	车价小计(人民币:元)

总计(X):							
其他费用	内容	金额(人民币:元)	内容	金额(人民币:元)	内容	金额(人民币:元)
总计(Y):						
合同总价款(X+Y):						

合同车辆主要配置：＿＿＿＿＿＿＿＿＿＿＿＿＿＿＿＿＿＿＿＿＿＿＿＿＿＿＿＿＿＿＿＿
＿＿＿＿＿＿＿＿＿＿＿＿＿＿＿＿＿＿＿＿＿＿＿＿＿＿＿＿＿＿＿＿＿＿＿＿＿＿＿。

2）[合同车辆]的交付

(1) 交付方式按以下第（　　）项进行。

①乙方至交付地点自提自运。

②甲方将[合同车辆]运至乙方指定的地点,运费为＿＿＿＿＿＿,由＿＿＿＿＿＿支付。

(2) 交付地点：＿＿＿＿＿＿＿＿＿＿＿＿＿＿＿＿＿＿＿＿＿＿＿＿＿＿＿＿＿＿＿。

(3) 交付时间：＿＿＿＿＿＿＿＿＿＿＿＿＿＿＿＿＿＿＿＿＿＿＿＿＿＿＿＿＿＿＿。

3）付款

(1) 付款方式:乙方付款将按照以下第（　　）项进行。

①一次性付款。在[本合同]签订之时向甲方一次性付清[合同总价款]。

②分期付款。在[本合同]签订之日起＿＿＿＿＿＿日内向甲方支付本[合同总价款]的＿＿＿＿＿＿％即人民币＿＿＿＿＿＿元作为预付款,并在＿＿＿＿＿＿日内向甲方支付[合同总价款]的余下部分。如果乙方欲解除[本合同],则预付款作为乙方的违约金归甲方所有。

③贷款付款。乙方要求以担保方式贷款付款的,向甲方指定的金融机构申请汽车消费贷款。乙方在签订[本合同]后＿＿＿＿＿＿日内,向甲方支付首付款及相关费用,即人民币＿＿＿＿＿＿元。甲方在收到金融机构发出的《批准贷款通知书》后[本合同]方生效。

(2) 支付日期以甲方账户显示收到全部合同总价款为准。

4）验收

[合同车辆]验收应于交货当日在交货地点进行。验收完成后,双方应共同签署验车交接单。乙方未提出异议,则视为甲方交付的[合同车辆]之数量和质量均符合[本合同]的要求。

5）随车交付的文件

(1) [合同车辆]的产品合格证、首次7500km免费维护凭证、使用维修说明书。

(2) 其他乙方委托甲方代办,甲方办妥的证件、凭证：＿＿＿＿＿＿＿＿＿＿＿＿＿
＿＿＿＿＿＿＿＿＿＿＿＿＿＿＿＿＿＿＿＿＿＿＿＿＿＿＿＿＿＿＿＿＿＿＿＿＿＿＿。

6）甲方保证

(1) [合同车辆]已经过售前的调试、检验和清洁。

(2) [合同车辆]符合随车交付文件中所列的各项规格和指标。

(3) 不改变[合同车辆]的出厂状态,即不改动或改装[合同车辆],不添加任何其他标记、标识。

7）乙方保证

(1) 乙方是所购[合同车辆]的最终客户。乙方不以任何商业目的展示[合同车辆]或将[合同车辆]用于有损[合同车辆]品牌形象的活动及行为。

(2) 乙方所购车辆仅在中国使用,不再出口至其他国家或地区。

(3) 乙方在购车前,已事先获得合法的资格,并在购车后依法律规定的时间到有关车辆管理部门依法办理一切登记手续,否则因此造成的不良后果均由乙方承担。

(4)乙方保证不移去所购[合同车辆]上的徽章或商标等标志,或用其他方式来掩盖或替代。

8)质量及质量担保

(1)乙方所购[合同车辆]为合格产品。但是双方明了,[合同车辆]的质量、功率、油耗、最高时速及其他具体数据只被视为近似值。

(2)[合同车辆]的品质担保范围及方式见随车所附的《使用维护说明书》。

(3)乙方及其许可使用[合同车辆]的人员,应按《使用维护说明书》要求规范使用和维修,如有违反,造成和/或引起[合同车辆]的损坏或故障,则不能获得质量担保服务。

(4)未经甲方书面许可,乙方不得将[合同车辆]以出租营运目的使用或转售。为此双方约定,乙方若有违反,则由此引起的任何品质后果均由乙方承担,包括免除甲方和/或制造商的品质担保责任及其他品质责任。

9)不可抗力

因不可抗力致使本合同一方不能履行合同的,则根据不可抗力的影响,部分或全部免除其责任。但是,该方因不可抗力不能履行合同,负有及时通知和拾天内提供证明的责任。

10)违约责任

[本合同]任何一方违约,违约方应赔偿守约方的实际经济损失,除非[本合同]另有约定。

11)争议的解决

因[本合同]产生的一切争议,合同双方应通过友好协商解决。如协商不成,应向甲方所在地人民法院起诉,通过诉讼解决。

12)双方约定

(1)乙方提取[合同车辆]之时起,对[合同车辆]将承担全部风险,包括因不当使用[合同车辆]而造成的损坏和/或损害。

(2)如果乙方虽已提车,但尚有本合同约定的车款没有付清,[合同车辆]的所有权属甲方,且乙方不得将[合同车辆]用于抵押或其他债权担保。甲方据此有权解除[本合同]、收回[合同车辆]并向乙方收取车辆使用费。

(3)[本合同]双方申明,双方是自愿签署[本合同]的,对[本合同]项下各条款内容经仔细阅读并表示理解,保证履行。本合同为[合同车辆]买卖的全部法律文件。有关[合同车辆]的任何广告、宣传单张、推介资料或其他媒体形式的信息仅供乙方参考。

(4)[本合同]一式叁份,双方各执壹份,壹份交回本公司备案,经双方共同签署即为成立。

(5)_____
_____。

合同签署:
甲方(盖章):　　　　　　　　　乙方(或代表签字):
代表人:　　　　　　　　　　　　盖章:

2. 汽车贷款业务

情景构成如下。

时间:30min。

地点:4S店新车展厅。

人员:客户张先生、销售顾问小杨。

情景介绍:张先生确认购车,但是手里并不宽裕,打算办汽车贷款,现款购车价格为20万元,首期交三成,贷款七成,供3年,请你为张先生计算他的费用,贷款利率按表6-8中的利率计算,完成表6-9,并模拟场景,进行汽车信贷业务。

贷款利率与万元月供款参考表　　　　　　　　　　　　　　　表6-8

年限(年)	贷款期数(月)	年利率(%)	月利率(%)	万元月供款(元)	万元总利息(元)
1	12	5.31	4.425	857.50	290.00
2	24	5.49	4.575	440.91	581.84
3	36	5.49	4.575	301.91	868.76
4	48	5.58	4.650	232.93	1 180.64
5	60	5.58	4.650	191.38	1 482.80

张先生购车费用情况　　　　　　　　　　　　　　　　　　　表6-9

项　目	金　额（元）
车价首付款	
贷款额	
每期还本金额	
每期应还利息	
每期应还款	

3. 任务评价标准

各小组可以根据以下的评分标准,检验本组学习效果;也可根据评分标准评价其他小组学习效果,各任务的评价标准如下。

填写汽车产品购销合同评价标准,见表6-10。

汽车产品购销合同填写评价标准　　　　　　　　　　　　　表6-10

序号	评分标准	是	否
1	购销合同中销售方和购买方的信息是否填写完整,包括名称、地址、电话、手机等信息		
2	协议签订日期是否填写完整		
3	所购买的车型信息是否填写完整:车型代码、颜色、单价、数量、总价		

续上表

序号	评分标准	是	否
4	是否标注车辆的主要配置,主要配置是用于区别其他车型或作为该车型的核心标识		
5	是否涉及有加装、精品等其他费用,如有,是否在规定位置填写完整		
6	车辆交付方式、交付地点、交付时间是否填写完整		
7	是否有定金或预付款,如有,则应如实填写		
8	如为全款购车,是否表明全款金额及付款日期		
9	如为分期付款购车,是否必须明确首付款、尾款金额以及相关费用明细		
10	合同中是否有关于质量及质量担保条款		
11	如有与客户约定的其他事项,则应在合同中体现出来		
12	合同是否有销售和购买双方的签字和盖章		

三、学习拓展

签约环节是销售顾问最有成就感的时候,一旦客户签字,很多销售顾问就认为该客户已被拿下再无后顾之忧,因此会怠慢或放松对客户的服务或跟进;其实,在实际的汽车销售中,也存在客户在签订购车协议并支付定金仍然要求取消合同的现象,如果你遇到这样的情况该如何处理呢?要完成这个任务,你需要注意几个问题:

(1)一旦签订购车协议,该协议生效,并受法律保护,因此原则上不允许取消协议并退定金;如遇不可抗力因素导致客户不能提车或无法执行协议,则按公司规定处理。

(2)要搞清楚客户取消购车协议的真实原因,注意鉴别客户编造借口推脱责任要求取消订单。

(3)不要客户要取消协议立马就答应客户,而是要想办法帮助客户解决问题,尽量让客户继续执行协议;如经协调仍无法解决,应上报展厅经理寻求帮助。

(4)要树立时刻为客户提供热情周到的服务,不要给客户留下交款前后两副面孔的印象。

(5)为避免出现此类矛盾,在前期的销售环节,我们要随时和客户进行沟通,特别是不能按照协议规定日期交货,要第一时间通知客户,并想办法解决,不要拖延,并将该情况上报展厅经理备案。

四、评价反馈

1. 自我评价

(1)对本学习任务的学习,你是否满意?

_____

(2)你能说出签约手续的流程吗?

_____

(3)你能独立填写一份新车购销合同,并确保无信息遗漏和错误吗?
_____
(4)你能根据客户的实际购车预算,为客户量身定制一份贷款计划吗?
_____

2.小组评价
(1)你们小组在接到任务之后是否进行小组讨论,并商量如何完成任务?
_____
(2)你们小组在填写新车购销合同时,是否小组中每个成员都能独立完成该任务?
_____
(3)为客户指定贷款计划是否合理,小组内是否多次进行论证?
_____
(4)你们在任务演练环节,是否按照实训室7S标准进行?
_____

3.教师评价
(1)小组综合表现:_____
(2)优势:_____
(3)提升之处:_____

学习任务七　售后服务高质量

学习目标

完成本学习任务后,你应当:

1. 运用所学知识,正确地说出交车流程;
2. 能按照4S店的要求,独立完成交车前的准备工作;
3. 严格按照4S店要求的交车流程向客户交付车辆;
4. 能对交车过程进行总结,并完成客户回访;
5. 会完善、整理客户档案。

学习内容

1. 交车前的预约和车辆的准备工作;
2. 交车区和交车文件的准备工作;
3. 交车的具体流程;
4. 交车后的回访的准备工作;
5. 回访过程中常见问题的处理。

建议学时:18学时。

子任务1　新车交付重细节

任务描述

经过几轮的接待商谈,你终于将大众帕萨特1.8T自动挡轿车成功销售给客户,现你与客户双方签订了购车协议,并与客户约定好了交车时间,现在你将对客户的新车做交付工作,那么请你结合所学知识,对这辆新车按照厂家和4S店的要求,做好交车前的准备工作和新车的交付工作。

一、知识准备

（一）交车预约

按照与客户签订的购车合同中约定的交车时间,交车前一天需与客户进行交车前的预约,以确保能准时交车给客户。如果不能按照合同约定的时间交车,应该提前告知客户,并表达歉意,通常为了保证客户满意度会向客户送一些小礼品。

（二）车辆准备

交车前两日,PDI人员按照《PDI出库检查表》进行交车前检查(表7-1),PDI就是新车出库时的检查,这是一个规范的术语。通过PDI检查,发现问题,在交车之前解决问题,确保待交车保持最佳销售状态;做PDI检查,一般情况下需要一定的时间。我们告知客户的时间计算上还要保守一些,以防止车在做PDI检查的时候出现问题。清洗车辆,保证车辆内外美观整洁,包括发动机舱和行李舱,车内地板铺上脚垫。重点检查灯光、车窗、后视镜、烟灰缸、备用轮胎及工具,校正时钟,调整收音机频率等。

PDI 出库检查表 表7-1

VIN 码：		发动机号：	
发动机舱(冷机时)	检查结果	右前门	检查结果
冷却液(max)		安全带的操作状态	
发动机机油(L～H)		车门的开关、锁止的功能	
清洗液(min～max)		座椅的功能	
制动液(min～max)		内装有无脏迹、损伤	
离合器液(min～max)		发动机舱(暖机后)	
冷却液、油脂类有无渗漏		怠速的状态	
蓄电池接线柱有无松动、腐蚀		有无异响	
线束的固定装配位置		变速器油(min～max)	
发动机罩的开关、锁止的功能		转向机油(min～max)	
驾驶室		车身周围	
各灯光(包括仪表、警告灯类)开关和喇叭		车身号、发动机号、铭牌是否和合格证相符	
风窗刮水器及冲洗开关		车门、行李舱钥匙的功能	
玻璃升降器及中控门锁的功能		遥控装置的功能	
安全带的操作状态		在客户提车前24h揭膜	
电动后视镜的功能		车身、油漆有无损伤	
各开启开关/拉手的功能		轮胎气压(前:220kPa,后:200kPa)	
座椅的功能		车轮螺栓的紧固情况(98～118N·m)	
将钥匙插在点火锁上使之分别处于0、1、2、3、4位,各部位的功能		汽车底部	
		传动轴防尘套是否漏油和破裂	
内装有无脏迹、损伤		球头橡胶是否破裂	
左后门		制动系统、发动机、变速器、转向系统、冷却系统是否有渗漏	
安全带的操作状态			
车门的开关、锁止的功能		驾驶操作	
内装有无脏迹、损伤		制动踏板的自由行程及效果	
后部		驻车制动的拉量及效果	
行李舱、汽油盖开关、锁止的功能		有无跑偏(上侧滑仪)	
随车用品是否齐全		离合器踏板的自由行程及跟量	
备胎气压(300kPa)		换挡、节气门、转向、车速表、空调器功能	
右后门		检查人： 检查日期：	
安全带的操作状态			
车门的开关、锁止的功能			
内装有无脏迹、损伤			

说明:1.检查项目正常打"√";不正常打"×",并将处理结果写入"处理措施"栏中;无此项目打"/"。

2.此表一式两份,销售部和服务部各保存一份,保存期两年。

(三)交车区准备(图7-1)

(1)交车区现场环境干净、温馨、舒适、光线不受阻碍。

(2)交车区布置背景横幅、祝贺词、彩带、红花、气球等可以烘托出喜庆气氛的物料,可根据当地的民俗习惯及客户的要求,来布置烘托现场喜庆气氛的物料。

(3)交车专区应设立交车专区告示牌。

(四)文件资料准备

(1)随车文件:使用手册、保修手册、快捷使用手册、使用光碟、合格证、出厂车检验单、车架号、发动机号拓印本等、PDI 出库检查表等。

(2)其他相关文件:费用清单、交车确认单、交车服务验收清单、满意度调查表等。

(3)再次确认客户的付款条件和付款情况,以及对客户的承诺事项。

(4)针对已缴清费用客户,还将准备各项缴费收据及发票。

(五)客户接待

交车环节首先从迎接客户开始。销售人员都知道今天有客户要来提车,大家都恭喜他,这个客户肯定会高兴,"你看人家公司做的,我也没跟他接触过,他就知道我来提车,还恭喜我。"心情就是不一样。要求做到如下几点:

(1)交车客户到达时,销售人员应提前到门口迎接,态度热情,门口应当设置欢迎牌。

(2)如客户开车到达时,销售顾问应主动至停车场迎接。销售顾问在迎接客户时需保持面带微笑,并恭喜客户本日提车。

(3)销售顾问可先邀请客户至交车区先看一下新车,然后告知客户尚有手续要办,随后引领客户至洽谈桌(图7-2)。

图7-1 交车区

图7-2 交付说明

(六)向客户交代清楚流程、时间等事项

除了恭喜之外,销售顾问要对客户讲:"我跟您大概先交代一下,这个车跟您分三个部分交接",整个流程预计××时间。

(七)执行交车

1.文件资料点交及讲解(图7-3)

(1)销售顾问将客户引导至洽谈桌说明交车流程及所需时间。

(2)出示"客户交车确认表",并解释说明其用意。

(3)各项费用的清算,上牌手续和票据交付。

(4)移交有关物品,移交有关文件:《用户手册》《保修手册》、购车发票、保险手续、车辆钥匙等,并请客户签字确认。

(5)准备"客户资料袋",将所有证件、文件、手册、名片放入资料袋内,并将其交给客户。

2. 整车交付

整车部分除了外观、里边的功能等都要给客户进行详细的介绍。客户买了车以后,很少有把说明书从头到尾看一遍的,其实事先了解说明书里面的一些知识非常有必要的。因此我们在规范客户交车这个过程当中,一定要把一些关键性的东西提示给客户,并和客户一起确认车辆及功能的完整性,并在交车确认书上签字(图7-4)。

图7-3 资料点交

图7-4 整车交付

3. 介绍售后服务(双顾问交车)

(1)介绍销售经理、售后经理和售后服务顾问与客户认识。

(2)服务顾问务解释车辆检查、维护的日程,重点介绍提醒首次维护的服务项目、里程数和免费维护项目。

(3)服务顾问利用"保修手册"说明保修内容和保修范围。

(4)介绍售后服务项目、服务流程及24h服务热线。

(八)合影留念(图7-5)

图7-5 交车合影

(1)销售经理、售后服务经理、销售顾问、售后服务等相关人员一起列席参加交车典礼。

(2)销售顾问向客户赠送鲜花和标示有品牌 LOGO 的精美小礼物,并在新车前合影留念。

(3)销售展厅内其他空闲的工作人员应列席交车典礼并鼓掌以示祝贺。

(九)送离客户

(1)销售人员取下车辆上的绸带、花球,向客户赠送油票(如有必要,亲自陪同加油)。

(2)告之客户将来可能收到销售或售后服务满意度电话或问卷调查,请客户予以支持。

(3)请客户推荐朋友前来赏车试车。

(4)再次恭喜并感谢客户。

(5)微笑目送客户的车辆离去,挥手道别一直到看不见为止。

(十)表卡完善

详细填写《客户信息卡》并保存建档。

二、任务实施

(一)任务目标

(1)能够整理交车文件。

(2)能够独立完成交车前的准备工作。

(3)能正确地说出交车流程。

(4)能按照交车流程向客户交付车辆。

(二)准备工作

1. 实践操作所用的设备及环境

(1)实践环境:模拟4S店展厅实训室。

(2)设备:实训用车辆。

2. 实践操作所用的人员以及工具

人员:销售顾问/服务顾问/客户。

工具:电话、各种表格、交车资料、车辆清洁工具、交车价格表、交车资料。

(三)注意事项

(1)在将车挪至交车区时,要确保周围无客户或其他人员;必要时,要请其他销售顾问或其他工作人员辅助指挥,才能起动发动机移动车辆以确保安全。

(2)告知客户剩余油量,提醒客户及时加油。

(3)在客户离店时,提醒客户注意安全。

(4)在交车过程中要注意接待礼仪。

(四)工作内容

运用所学知识,按照4S店要求完成与客户的交车。

(1)提前检查并填写好《交车检验表》表7-2。

交 车 检 验 表　　　　　　　　　　表 7-2

车型：　　　　　车架号：　　　　　发动机号：　　　　　检验日期：

检验内容	状况		检验内容	状况	
	自检	客户		自检	客户
外观			空调性能、出风口控制		
油漆、车身			座椅调节、儿童门锁		
通风栅、字徽及字饰			空挡安全起动开关		
轮胎及气压			驻车制动		
发动机舱			内饰		
发动机罩的开启及保险钩			内饰板、车顶饰板、地毯		
发动机冷却液、机油			中央搁手部分、座椅、保险带		
动力转向机油			仪表板、仪表、导向装置		
制动液			转向盘及操纵机构装饰罩、手套箱		
风窗清洁剂			收音机、空调操作面板		
蓄电池			点烟器、烟灰缸、饮料架、遮阳板		
发动机舱其他附件			开关及组合开关面板		
电器部分			车底部(可视部分)		
仪表指示、远光灯、近光灯及变光			车底是否有划伤和损坏		
转向灯、侧面转向灯			无明显的漏油现象		
尾灯、警告灯、倒车灯、雾灯			各组件连接正常,无脱钩现象		
顶灯、阅读灯、手套箱灯					
中央锁控、电动摇窗、防反锁按钮、外后视镜			行李舱		
刮水器及喷水装置			随车工具、文件		
喇叭、CD			备胎		

备注：请对车辆认真进行检验,并在"状况栏"之空白处打"√"以示正常,打"×"以示不正常。

经本人检查,确认该车辆完好,符合《汽车销售合同》要求,同意办理上牌手续。

客户签名：　　　　　销售顾问签名：　　　　　检查日期：

手续移交：

随车文件：　　说明书：有(　)无(　)　　保修卡：有(　)无(　)

　　　　　　　附加费证：有(　)无(　)　　车辆发票：有(　)无(　)

　　　　　　　行驶证：有(　)无(　)　　登记证：有(　)无(　)

随车工具及物件：随车工具：有(　)无(　)　　千斤顶：有(　)无(　)

　　　　　　　备胎：有(　)无(　)　　三脚架：有(　)无(　)

　　　　　　　点烟器：有(　)无(　)　　车钥匙2把：有(　)无(　)

客户：　　　　　销售顾问：　　　　　销售经理：　　　　　日期：

(2)为确保顺利交车,请你提前对所交付的车辆进行各项检查,并在进行新车交付的过程中按照《新车交付流程表》做好相关记录,见表7-3。

学习任务七 售后服务高质量

新车交付流程表　　　　　　　　　　　　　　　　　　　　　　　表7-3

序号	基本流程要点	说　明	准备状况
		交车准备	
1	交车前一天进行PDI检查	确认PDI的实施情况（　月　　日） 点检技师、销售顾问签字	
2	提前与客户预约交车日期	交车日期及时填写在交车看板上。在订单的约定交车期内给客户交车。若无法准时交车，需提前告知客户，说明原因并取得客户谅解	
3	确认客户所有信息	确认所有者姓名、车检标签、准备好相关材料(保证书、车主手册、票据、小礼物等)、付款情况(经财务部确认)、登记编号、车牌号码、保险证(车辆保险、其他保险)	
4	确认选定的装置	确认订购装备、装载附件、车身颜色、变速器（AT/MT）、设定收音机和时钟	
5	交车前为客户加适量汽油	油量表指针在1/4以上位置	
6	配备好客户选装的设备	检查装备、附件的配置情况；应在交车前为客户安装好客户选配的设备，并在交车时向客户说明设备的使用方法	
7	确保交车区状况良好	设立交车专区告示牌；确保交车区空调温度合适；交车区布置背景横幅(烘托现场喜庆气氛的物料)；沙发区干净、温馨；地面无轮胎印、水渍，镜面洁净、明亮，空调温度合适	
8	确保车辆状况良好	客户到店前，车辆停放在交车区；确保车辆外观、内饰、发动机内清洁、无手印	
9	确保交车人员到场	提前通知好参与交车人员	
		(交车第一环节)点交资料	
10	客户到店，出门迎接	交车区或店主入口设置交车恭贺指引牌，销售顾问出门迎接客户，第一时间祝贺客户	
11	引导至洽谈区	提供4种或以上饮料供客户选择，关注同行者感受	
12	出示《交车流程说明表》，说明交车过程	出示《交车说明表》，简要说明三个环节和时间安排。并征求客户意见，客户根据自身情况选择参加哪些流程	
13	逐一点交各类资料	事先准备好所有需要交给客户的资料，客户到店时一并交给客户，并请客户在《交车确认表》中签字确认	
14	对重要书面主要条款进行讲解	主要讲解《保修手册》《保险合同》等书面资料	
15	讲解车辆的安全配备	通过讲解汽车安全配备的角度，向客户讲解空气囊相关知识，纠正客户对空气囊不正确的认识	
16	CR人员进行满意度调查	利用问卷进行满意度调查，启蒙客户对JDPOWER调查问卷的填写	
		(交车第二环节)确认车辆	
17	引导客户到交车区	提供4种或以上饮料供客户选择，关注同行者感受	
18	PDS检查说明	出示《PDS检查表》，向客户说明车辆经过严格的PDS检查，交给客户的车辆无任何问题。此表格由销售店保存，不交给客户	
19	请客户检查车辆状况	《交车确认表》由客户亲自打钩确认，并请签字确认	
20	向客户讲解说明车辆使用方法	必须向客户介绍车辆使用方法。介绍时应包括发动机舱、车门边开关、车内仪表板各项功能、后座各功能等。另外，提醒客户若要了解更深入的日常维护常识，可以咨询本店售后部	

续上表

序号	基本流程要点	说明	准备状况
(交车第三环节)交车仪式			
21	介绍SA	SA向客户递交名片,提醒免费维护时间及磨合期的注意事项。从此环节开始,SA需全程陪同客户	
22	告知客户已为其添加大约1/4油量	销售顾问请客户看油量表,说明已为其添加1/4油箱汽油,并说明最远可行驶的距离	
23	合影留念:销售顾问、SA参加	销售顾问、SA必须参加,其他人员可选择参加	
24	送别客户,目送客户离开	销售顾问、SA、CR专员必须参加,其他人员可选择参加	
交车后客户关怀			
25	N+1CR专员满意度问题答复	答复客户问题,并希望客户在以后其他调查中给予满意的答复	
26	N+3销售顾问感谢回访	询问用车情况,说明满意度调查信息	
27	N+7CR专员满意度回访	由出席交车仪式的CR专员进行电话调查满意度回访,询问客户用车情况,对交车过程是否满意进行调查	

(3)任务评价标准。各小组可以根据以下的评分标准,检验本组学习效果;也可根据评分标准评价其他小组学习效果,各任务的评价标准如下:按照《交车流程自查表》(表7-4)进行自我评价。

交车流程自查表 表7-4

序号	项目	操作内容	规定分	评分标准	得分
1	交车前的准备工作	是否确认付款情况	50	未确认,扣2分	
		是否提前联系并通知客户交车日期、时间与场所		未联系客户或告知交车时间,扣2分/项	
		是否确认交车手续		未确认,扣2分	
		是否确认保险证(车辆保险、其他保险)		未确认,扣2分	
		是否去掉座位上的透明塑料罩		未去掉,扣2分	
		是否确认登记编号		未确认,扣2分	
		是否确认车牌号码		未确认,扣2分	
		是否确认所有者姓名、车检标签		未确认,扣2分	
		是否检查装备、附件的配置情况		未检查,扣2分	
		是否确认订购装备、装载附件、车身颜色		未确认,扣2分/项	
		是否确认变速器(AT/MT)		未确认,扣2分	
		是否确认PDI的实施情况(月 日)		未确认,扣2分	
		是否设定收音机和时钟		未设定,扣2分	
		是否确认汽油剩余量		未确认,扣2分	
		是否准备好相关材料(保证书、车主手册、票据等)		未准备好,扣2分/项	
		交车区现场环境是否干净、温馨、舒适、光线不受阻碍		不干净、不温馨、不舒适,扣2分	

续上表

序号	项目	操作内容	规定分	评分标准	得分
1	交车前的准备工作	交车区是否布置背景横幅(烘托现场喜庆气氛的物料)	50	未布置,扣2分	
		交车专区是否设立交车专区告示牌		未设立,扣2分	
		是否提前通知好参与交车人员		未提前通知,扣2分	
2	新车交付	是否当客户一来就立即迎接	50	未及时迎接,扣2分	
		是否给客户提供合适的招待(茶饮等)		未提供合适的招待,扣2分	
		是否向客户简介交车的步骤及所需时间		未向客户介绍交车步骤或时间,扣2分/项	
		是否寻求客户认同,确认有时间参与哪些项目		未征求客户意见,扣2分	
		如果客户没有时间完成交车全过程,是否进行例行的简略交车过程		未进行交车过程,扣2分	
		车辆点交,是否检查整车及报有配备的控制部件,对车辆的主要功能进行示范操作		主要功能未示范,扣4分	
		是否试车,检验车况		未检验车况,扣4分	
		是否付款开票		未开票,扣2分	
		是否解释使用说明书及其用法		未解释,扣2分	
		是否说明车辆的登记和更新程序		未说明,扣2分	
		是否解释车辆《保修手册》及其用法		未解释,扣3分	
		是否说明日常的维护		未说明,扣3分	
		是否明确告知第一次维护的日期或里程		未告知,扣3分	
		是否说明《保修手册》的内容以及不属保修范围的特殊部件		未说明,扣4分	
		是否将客户介绍给服务部经理或服务顾问		未介绍,扣3分	
		是否说明"服务流程",联系人以及如何进行预约服务		未说明,扣2分	
		是否确认客户对车况感到满意		未确认,扣2分	
		是否签署交车检验单,并请客户和销售部经理也进行签署,并告知客户至少保存2年		未签署或者未告知保存年限,扣2分/项	
		是否合影留念		未合影,扣2分	
3		分数合计	100		

三、学习拓展

随着汽车市场的日新月异,现在新能源车已经在市场上崭露头角,假如你是上汽荣威4S店的一名销售顾问,面对你们公司上市的新能源汽车ei6,在新车交付的过程中你应该更注重哪些方面给客户沟通？

新能源汽车在做新车交付时应该主要提醒客户做好日常使用的注意事项。

1. 关键要点

(1) 高压电池包工作的环境温度为 -30~55℃。不允许车辆在 45℃ 以上环境中停放超过 8h；不允许车辆在 -20℃ 以下环境中停放超过 12h。如果超过此车辆存放环境的最大限度，会直接影响车辆的使用性能和高压电池包的使用寿命。若长时间（超过 3 个月）不使用时，请确保车辆停放在 -10~30℃ 的环境温度中。不允许车辆停放于有高温热源的场所。

(2) 车辆需要保持干燥，避免长时间在潮湿环境下停放，例如积水的停车场所等。尽量避免车辆在超过底盘高度的水中涉水行驶，否则可能造成高压电池包的永久损坏。若车辆涉水后，应尽快置于干燥地方停放。

(3) 每个月至少使用车辆一次并对车辆进行均衡充电，充电 5h，以保证高压电池包寿命。在明确长时间不使用（超过 3 个月）时，确保高压电池包电量在 50% 左右进行存放；不允许车辆在高压电池包电量为 10%（仪表电量显示为零）的情况下停放超过 7 天。电池管理系统会监控高压电池包状态。当监测到一段期间内，高压电池包没有进行过均衡充电记录时，组合仪表界面上会出现"请充电保持高压电池均衡"的警告信息。此时，客户必须对其进行充电作业。

(4) 如果由于事故导致车身受损，需要修复或喷漆时，为避免高压电池包人为损坏或起火，必须联系上汽新能源汽车授权售后服务中心，在卸除高压电池包之后进行相关作业。

(5) 高压电池包安装于汽车底盘位置，它含有数节锂电池单体，随意处置可能对环境造成污染和危害。务必参照明确要求进行处理。有关高压电池包的循环利用和处理，详情请咨询上汽新能源汽车授权售后服务中。

2. 高压系统

车上高压系统中有交流和直流两种高压电（可高达 400V 左右），这些高压电非常危险可能造成烧伤、触电甚至死亡等严重伤害。

(1) 为了避免人身伤害禁止触碰高压线束及其连接接头。

(2) 带有橙色标签的部件都是高压系统部件，这些部件上贴有高压系统警示标签，务必遵守高压系统警示标签上的内容要求。

(3) 禁止非专业维修人员随意触摸、拆解或安装高压系统中的任何部件，如位于发动机舱中的电驱动变速器、电空调压缩机、电力电子箱、底盘上的高压电池包、行李舱内的车载充电器等。

(4) 禁止未经培训的人员接触或操作高压电池包上的手动维修开关。

3. 充电安全须知

在充电作业的操作过程中，不允许周围的人接触操作员、车辆和供电设备。

(1) 先将充电手柄与车身插座连接，再对充电装置进行操作。

(2) 充电结束后，要先关闭充电装置并解锁车辆，然后将充电手柄与车身分离，并将充电口小门盖及车身充电口盖盖好。

(3) 当充电桩出现故障时，立即通知相关专业人员进行解决，操作人员不可任意处理。

下雨天也可以进行充电,但在充电插拔过程中要注意对插拔充电手柄和充电口的遮雨防护。如果遇到雷雨等极端天气建议停止充电作业。

(4)充电前需要检查插座和插孔以及导线的状态是否良好。

(5)在充电过程中,不允许插入钥匙并进行起动等操作。客户应首选充电桩给电动汽车进行充电,(充电桩带7脚插座或直接带7脚充电线)客户须选用合格的充电桩产品,并由充电桩生产企业承担产品责任。

(6)如果充电桩不带7脚充电线,只带7脚插座,应使用上汽提供的7脚/7脚充电线充电。

4. 电路电缆要求

(1)客户侧供电回路须为专用回路,电路布线应符合建筑、电力其他相关要求。

(2)对于老旧建筑建议布置新的专用回路。

(3)客户侧供电回路电缆的线径不小于$2.5mm^2$。

(4)如果客户侧供电回路电缆的长度超过20m以上须至少采用$4mm^2$电缆,且电缆总长度不超过50m。

(5)电路布线应避开潮湿或有积水的区域,周围无易燃物质。

(6)客户侧供电回路应通过具有相关资质的专业人员进行评估。

(7)每次充电前对插头/插座检查一次,是否变形、发黑、烧蚀,如果发现异常须立即更换。即使没有发现异常,如果使用超过3年也需要更换为新的插座。充电过程中出现异味、冒烟、过热等异常现象,须立即断开充电回路,终止充电作业。并对插头插座检查。

5. 使用民用电源充电安全须知

1)三眼插座要求

(1)插座须布置在便于车辆停靠、充电操作的地方。

(2)额定负载能力为220V交流/16A的标准插座。

(3)插座的接线要正确(相线、零线、地线),且地线接地可靠。

(4)禁止使用低于16A插座及其转接器。

(5)禁止使用拖线板进行转接。

(6)插座须避免雨淋、日晒及异物侵入,且周围无热源。

(7)插座要符合国家标准《家用和类似用途的插头插座》(GB 2099.3—2015)的要求,且通过国家CCC认证、质量可靠。

2)充电环境要求

(1)充电设备的有些模块内部可能会产生电火花,为避免出现意外,请不要在加油站、有易燃气体或液体的地方进行充电作业。

(2)充电作业时间会受到外界温度影响。例如:温度低于0℃时,所需要的充电时间比0℃以上的时间长。

3)充电作业对于特殊人群的影响

充电作业对于特殊人群的影响在进行充电作业时,作业区域内可能会产生电磁场干扰。建议携带可植入式心脏起搏器、可植入式心血管除颤器的客户远离充电作业中的车辆。如果您携带可植入式心脏起搏器或可植入式心血管除颤器等设备,当车辆在进行充电作业时,

请务必保证：
(1) 不要在车内逗留。
(2) 不要因为拿取乘客舱的物品等原因而进入车内。
(3) 不要因为拿取行李舱处的物品等原因而去打开行李舱。

4) 充电作业

(1) 充电前应将车辆熄火停放，并确保车辆无法移动。在充电的时候，先将充电线连接到车载充电端口，再将充电线连接至充电桩。充电完成后，先断开充电线与充电桩之间的连接，再将充电线从车上断开，整理并放进充电线工具箱内。

(2) 充电口电子锁，充电口具有电子锁功能。为防止儿童触碰或充电过程中的意外拔出。充电枪插入充电口后，充电口内的电子锁会跟随主控开关锁止，此时请勿强行拔出充电枪，以免造成损坏。必须用钥匙或主控开关解锁后才能拔出。

(3) 使用民用电源充电作业时，请关闭点火开关，并拔出点火钥匙，遵照如下说明操作：

①选择 220V/16A，有可靠接地的三孔插座。

②用手掌轻按充电小门左侧，小门轻微弹出，拉开小门。

③松开塑料卡扣，并打开塑料盖。

④从行李舱的随车工具箱中取出 7 脚/3 脚交流充电线。

⑤打开充电手柄上的保护盖，并按住充电手柄上的按钮，直到充电手柄插到车身的充电插座底部后，释放该按钮。

⑥将 7 脚/3 脚充电插头接入常用居民用电。

⑦在 7 脚/3 脚充电线连接完成后，充电连接指示灯会点亮。

⑧充电时，充电线控制盒上的电源指示灯会常亮，充电指示灯保持常亮。

⑨充电结束后，充电线控制盒上的电源指示灯会熄灭，充电指示灯熄灭。先断开充电线与充电电源之间的连接，再将充电线从车上断开，整理并放进充电线工具箱内。

⑩将车身充电口塑料盖和充电口小门依次合上。

5) 使用交流充电桩

(1) 车主需要前往电力公司充电桩布置网点处，进行交流充电桩进行充电作业。

(2) 在交流充电桩使用 7 脚/7 脚充电线作业时，请关闭点火开关并拔出钥匙，遵照充电桩的提示进行充电作业。

(3) 均衡充电，均衡充电无须特殊操作，是指在一般充电完成后继续充电一段时间，高压电池包管理系统会对各个锂电池单体进行平衡操作。均衡充电方式可以使各个单体的电压达到基本一致，从而保证高压电池包整体性能。长期未进行均衡充电时，组合仪表界面上会出现"请充电保持高压电池均衡"的信息，以提醒客户对高压电池包进行维护。常温状态下，一般至少需要 5h 才能完成包括均衡在内的充电过程。

(4) 充电时间，每月一次或按仪表提示，高压电池包的能量约为 9.1kW·h 时，其充电所需时间与多种因素有关，如：充电设备、当前电量、环境温度等。常温状态下，从报警状态（仪表电量低报警）到充满电（仪表电量显示满格）为 2~3h。

(5) 低温状态下，所需充电时间会延长。

(6) 如果长时间未均衡充电，所需充电时间会延长。

(7)在车辆长期停放后的首次使用前需进行均衡充电,充电时间需在5h的基础上适当延长以完成充电均衡。

四、评价反馈

1. 自我评价

(1)对本学习任务的学习,你是否满意?
_____

(2)你能按照4S店要求检查所交车辆需要准备的文件及事项吗?
_____

(3)你能在交车过程中熟练地说出车的亮点吗?
_____

(4)你能独立、完整、自信地对客户进行交车服务吗?
_____

(5)面对客户进行交车服务时,你能否时刻注意客户关注的重点并对客户进行讲解?
_____

2. 小组评价

(1)你们小组在接到任务之后是否讨论如何完成任务?
_____

(2)你们小组在做交车服务的准备工作时,是否有明确的分工,相互配合的好吗?
_____

(3)你们小组在练习交车服务的过程中,各角色是否配合、互相帮助,且进行了角色轮换?
_____

(4)你们小组在对交车服务过程中,是否按照严格按照7S标准执行?
_____

3. 教师评价

(1)小组综合表现:_____
(2)优势:_____
(3)提升之处:_____

子任务2　回访客户保质量

任务描述

在交车后一周,按照4S店要求要与一周前交车的客户进行回访,你现在要准备与客户通话,请按照厂家及4S店的要求与客户进行回访。

一、知识准备

新车交付回访目的是完善服务,培养忠诚的客户,让忠诚的客户带来新客户。通常要求在交车后24h内,销售顾问必须和客户进行联系,询问客户是否平安到家,对车辆的使用状况是否满意,解答客户在使用中遇到的问题(图7-6)。

在交车一个星期内客服专员打出电话,询问客户在购车过程中的感受,用车感受,并为我们的销售服务环节进行评分,让客户感觉自己是尊贵的。此外销售顾问应按客户能接受的方式与客户保持长期联系。

图7-6 交车后回访

(一)客户回访的准备工作

查阅客户基本信息,确认重点内容,包括姓名、电话、购买车型等,制订跟踪计划。

(二)客户回访过程中常见情况的正确处理

(1)如果客户忙,没时间谈,则询问他什么时候方便,并安排一次确定日期和时间的电话回访,记下约定的时间。

禁忌:如果客户表示不愿意联系,不要催促或纠缠他。

(2)如果客户表示愿意进行这次交谈,则感谢客户花时间和你交谈。首先感谢客户购车,然后询问客户自购车至今对车的感受。

(3)如果客户对销售服务店和车的感受均满意,则感谢客户的参与。

询问客户是否还有什么问题,并给予解答;提出今后可随时为其提供任何帮助;确认客户今后愿意进行联系的方式(电话、拜访、电子邮件)利用客户对所使用车辆有好感,请其推荐有购车意向的客户。

(4)如果客户对车或销售服务店表示不满,则应先让客户说出不满之处,并为给客户带来的不便表示歉意;然后用自己的话重述一遍客户所说的内容,请客户确认你的理解,以使客户相信你已理解其意见。要把客户的担忧或投诉作为最优先事项加以处理,如有需要,可寻求其他同事的帮助。弄清客户担忧或投诉的原因,提供解决方法来消除客户的担忧或投诉。如果你不能解决客户的担忧或投诉,就询问客户是否可以等你去寻求支援或是否可以在稍后再给他去电话。

禁忌:如果客户不愿意,就不要勉强他回应你提出的关于车或对销售服务店的意见的要求。不要承诺你办不到的事情,否则会破坏客户对你和销售服务店的信任感。

(三)首次维护提示

当预计客户新车行驶里程已经达到首次维护的标准时应和客户提前进行联系,提醒客户首次维护事宜,如果客户还没预约,就对客户的首次维护进行预约。有利于继续促进双方的关系,以保证客户会返回公司处进行首次维护。

(四)定期回访

(1)交车后每3个月亲自拜访或电话访问客户一次,以确保和客户建立持续发展的关系向客户问候致意,关心客户生意的经营情形并问候其家庭状况。协助客户对汽车使用问题的处理。提醒客户有关定期维护服务及预约。当客户对所使用车辆有好感时,请他推荐有购车意愿的潜在客户。视客户的需要,推荐公司现有的商品及配件。

(2)交车后第12、24个月亲自拜访或电话访问客户,维系客户关系,并填写《营业活动访问日报表》,客户访问情况录入《保有客户管理卡》:向客户问候致意,关心客户生意的经营情形并问候其家庭状况。协助客户对汽车使用问题的处理,招揽后期维护。当客户对所使用车辆有好感时,请他推荐有购车意愿的潜在客户。

(3)交车后第36、48、60个月亲自拜访或电话访问客户,维系客户关系,并填写《营业活动访问日报表》,客户访问情况录入《保有客户管理卡》:向客户问候致意,关心客户生意的经营情形并问候其家庭状况。协助客户对汽车使用问题的处理。邀请客户做车检前整备及后期维护之招揽。当客户对所使用车辆有好感时,请他推荐有购车意愿的潜在客户。引导客户换购新车的意愿,促进其购买新车。

(4)经常向客户提供最新和有附加值的信息(如新车、新产品信息,售后服务信息,精品、备件信息等),寻求各种机会促进客户来店,与客户保持持续的关系来促进客户购买新车。

(5)每年都向所有客户寄送节日卡(如春节、中秋等重要节日)。

二、任务实施

(一)任务目标

(1)对交车过程进行总结,完成客户回访时准备工作。
(2)对客户进行回访,并且能够正确处理回访中常见的问题。
(3)整理客户档案。

(二)准备工作

1. 实践操作所用的设备及环境
(1)实践环境:模拟4S店展厅实训室。
(2)设备:座机电话一部。

2. 实践操作所用的人员和工具
人员:销售顾问、车主。
工具:电话、客户信息卡、回访记录。

(三)注意事项

(1)给客户打电话时要注意时间段,要避开客户休息的时间段。
(2)打电话时要注意礼仪问题,向客户先问好并致歉打扰客户。
(3)内容要简练,重点要讲清楚,不要占用客户太多时间。
(4)表现要文明,在语言、态度和举止上要文明表现。

(四)工作内容

(1)根据班级人数进行分组,2~3人/组,每组选择一位回访客户按要求整理客户资料,完善客户档案,并填写《客户信息卡》(表7-5)。

客户信息卡　　　　　　　　　　　　　　表 7-5

车牌号				档案号		
车主信息						
车主姓名		生日		身份证号码		
（公司名称）		（创立日）		（组织机构代码）		
联系地址			联系电话		工作单位	
变更地址			联系电话			
车辆使用者			联系电话			
方便拜访场所			□住所　□公司　□维修站　□其他			
方便拜访时间			□上午　□下午　□晚上　　　　　时　　分			

相关信息							
购买类型		付款方式		家庭情况			
□新购	□换购	现金：		姓名	称谓	出生日	职业
□增购	□其他	分期	贷款银行				
客户来源			按揭年限				
			起始时间				

车辆信息				
车型		牌照价格		
车辆售价		装潢项目		
车架号				
发动机号		上牌服务费		
生产日期		年检时间		
交车日期		保险费用		
颜色		保险公司		
主钥匙密码		保险时间		
音响 PIN		保险项目		

车辆使用情况	
车辆主要用途	
月里程	
节假日用车	

客户推介情况					
推介次数	推介客户名称	所购车型	购车数量	购车时间	备注
第一次					
第二次					
第三次					

《客户信息卡》填报说明。

①使用目的：掌握客户信息、车辆信息资料，以及客户对车辆的使用习惯等；为后期销售

服务店的售后回访及维修服务提供保证。

②填写人:销售顾问,单一客户一张表格。

③填写时间:客户交款开发票时,销售顾问根据得到本日的销售序号编写本卡档案号,客户提车时请客户详尽填写本卡。

④说明:客户档案编号原则:×××　××××××　××,前三个字符为销售店或分销渠道名称的首位字母组合,中间六个字符为销售时间,以开票日期为准。例 2010 年 6 月 2 日销售,则表示为 100602,最后两位字符为当天客户成交顺序,例第 3 位成交的客户,则表示为 03。

⑤回访(强制回访)销售顾问回访,并按各自回访要点填写本栏目。回访(客户关系维护)由客户服务中心的客服人员回访,没有客服的,可由客户管理员负责。

⑥客户信息来源:T:来电;S:来店;A:广告;V:走访;D:DM;M:市场推广;R:介绍;Q:其他车辆主要用途——营运、家庭、商务、公务、特种、其他。

⑦回访方式:电话,拜访,短信,信函。

(2)在通话过程中记录要点,解决客户的常见问题,并完成《客户回访记录表》(表7-6)。

客户回访记录表　　　　　　　　　　　　　　表7-6

回访(强制回访)			
第一次回访	车辆使用情况:		客户意见:
	回访方式	责任人	回访时间
第二次回访	车辆使用情况:		客户意见:
	回访方式	责任人	回访时间
制表		审核	时间
回访(客户关系维护)			
第一次回访	时间		
	车辆使用情况		
	客户近况		
第二次回访	时间		
	车辆使用情况		
	客户近况		

(3)任务评价标准。各小组可以根据以下的评分标准,检验本组学习效果;也可根据评分标准评价其他小组学习效果,该任务的评价标准见表7-7。

客户回访评价标准 表7-7

项目	考核点	评分标准	分值	得分
礼仪考核	拨打电话的准备工作	准备好客户相关信息,填写好客户信息卡	10	
	拨打电话	选择正确的时间段拨打客户电话	5	
	精神面貌	精神面貌是否良好	5	
	语言表达	语言是否清晰、流畅	5	
	语气语态	语气语态是否亲切自然	5	
拨打电话中	客户没时间接听电话	预约下一次回访时间	10	
	客户愿意接听电话	感谢客户,记录客户对车的使用感受	10	
	客户满意此次购车服务	表示感谢,提供随时服务,打造成忠实客户	10	
	客户表示不满意此次购车服务	运用合理的语言表示歉意,并记录客户的不满,寻找原因及解决办法	10	
	首次维护提示	告知客户首次维护时间及里程,提醒客户首保可进行预约,节省时间	10	
拨打电话后	挂断电话	感谢客户并与客户道别,等客户先挂电话	5	
	定期回访	按照3个月、12个月、24个月等日期回访	10	
		经常提供新车、新产品等相关信息,寻求机会让客户到店	5	
		分数合计	100	

三、学习拓展

假如客户在提车后的使用过程中出现了问题,并打电话说明问题,在接听客户电话时你感受到了客户的不高兴,作为销售顾问,你该如何处理这种问题?

(1)倾听客户抱怨,判断客户投诉问题的严重程度。有时候客户的投诉问题,其实是对一些小问题的情绪发泄,因此只要做好情绪上的安抚即可。

(2)充分地道歉,避免客户抱怨升级。站在客户的角度,去帮助他们尽快地解决问题。

(3)充分体现对客户所提问题的重视。投诉的客户,一般都是带着情绪来质问,因此重视和尊重才能够缓解他们的情绪,客户才会配合解决问题。

(4)对客户所提出的问题及时回应,最好能够在第一时间解决,不要因为回复和处理的不及时,而导致客户因为问题无法解决,将矛盾激化。

(5)保持后续问题的服务,对于投诉的客户群体来说,一定要定期地做好后续的服务工作,让他们从内心觉得服务的周到,而再次对产品及企业有好的印象。

四、评价反馈

1. 自我评价与反馈

(1)对本学习任务的学习你是否满意,能说出为什么要重视交车吗?

(2)你能说出4S店交车后回访的流程吗？
_____
(3)交车后的回访要做哪些准备工作？
_____
(4)交车后回访客户的好处是什么？
_____
(5)你能按要求处理一些在回访过程中常见的问题吗？
_____

2.小组评价与反馈
(1)你们小组在接到交车后回访的任务之后是否讨论过如何进行新车交付？
_____
(2)你们小组在交车后回访的任务中是否有明确的分工,相互配合的好吗？
_____
(3)你们小组在对客户进行回访时是否按照规范要求进行的？
_____

3.教师评价
(1)小组综合表现：_____
(2)优势：_____
(3)提升之处：_____

子任务3　投诉抱怨要满意

任务描述

在交车后一周,按照4S店要求要与一周前交车的客户进行回访,你现在正在对客户进行电话回访,此时,客户产生了抱怨要投诉,请你安抚客户解决客户投诉并让客户满意。

一、知识准备

(一)处理客户投诉的基本原则

在日常的工作中,最不愿遇到的就是被客户投诉,尤其是常面对的是一些素质并不是很高的客户群体,他们中有些不了解制度,又不听劝解,有时甚至是不正当的投诉。有时不免束手无策,偶尔产生情绪抵触。但其实,如果能够以冷静的心态去看待投诉,并积极地学习和总结处理投诉的技巧和经验,就不难发现客户投诉对实际工作也有着很大的促进和鞭策作用。

1.做个用心的听众

耐心听取客户的意见和建议,哪怕他是在发泄个人情绪,都要以认真的态度去听,最好拿笔纸做下记录,一是让客户知道重视每一位客户的意见和建议,有被尊重感,同时也体现了处理客户投诉的专业性;二是我们也可从客户的陈述中找到他诉求的重点和关键,便于接下来解决问题。

2. 坚决避免与其争执

遇上无理取闹的客户时,不必过分冲动,理智的态度和委婉的谈吐,能转危为安,战胜对手。多数客户都是以发泄情绪的不理智方式表达不满,如果这时回击他,无疑是火上浇油。这时能做的最好选择,就是认真的倾听,一定不要与客户争辩。

3. 千万不要站错边

制度不能让步是对的,可是不能以强调"这是制度"为处理投诉的开场白,而是要从情感上记得要永远站到客户这一边,要心在"制度"身在"客户",不能制度让步,但要站在客户的立场上看待问题、处理问题,体谅客户的心情,要知道客户为什么要投诉,这样有助于平抚客户的情绪,让他觉得你不是以企业主人身份要和他对峙、要和他分清谁对谁错的,而是真正的以服务的姿态帮他解决问题的,先处理心情,再处理事情。漠视客户的痛苦是处理投诉的大忌。

4. 有效的沟通是解决问题的第一步

俗话说:"见什么人说什么话。"是一个常识,也是一个原则。对不同文化程度的人要说不同的话,跟文化低的人说话应该用家常口语,说大白话,多使用一些具体的数字和例子;对于文化程度高的人,则可以采取抽象的说理方法,而且讲话要注意尊重对方。

5. 道歉不只是"对不起"

听完客户的投诉内容,找到客户的真正诉求后,先要对客户进行真诚的道歉,但前提是不要自行先划分责任。如果因为坚守制度而遭到投诉,那道歉不应该是"对不起,是我们的错/是我们的责任",而是"我能理解给您带来的麻烦和不便,你看我们能为您做些什么"?

基本上道歉有两种情况:一种是客户原因(不了解业务、自己情绪不好等)导致的投诉。客户由于自身原因投诉,往往在陈述的过程中就慢慢将不满发泄了出去,只需听他讲完,对给他造成的不便表示道歉,真诚地表达出理解,再耐心地讲解客户误解的问题。一种是客户因服务意识问题或业务上的操作导致的投诉。一旦因为销售人员自身原因导致的投诉,就要敢于承认自己的过失,不能欺骗、拖延客户,关键要在道歉后及时补救。

6. 客户的投诉是礼物

客户的意见和建议在实际生活中常常是通过投诉形式来表达的。在处理投诉问题的同时,也要善于发现问题,特别是要重视引起普遍投诉的问题。客户的意见和建议正是推动企业发展的重要因素,只有高度重视客户的意见,客观分析客户的意见,积极解决客户的意见,才能完善制度,提高我们的服务水平。

客户投诉能够帮助及时发现工作中各环节出现的问题,也能提高服务水平。无论投诉理由是不是充分,都不影响其积极作用的发挥。如果能够真诚地对待客户,掌握处理客户投诉的技巧并妥善地处理好客户投诉,就一定能够拉近与客户的距离,从而促进工作的开展。

由此看来,应多为客户着想,经常进行换位思考,在实际工作中认真分析投诉原因,积极处理客户投诉,让为客户服务的理念深入人心。

(二)处理客户投诉的方法和步骤

1. 让客户痛快发泄

首先,客户投诉的原因一般都是出于自己的权益受到侵害,无法得到充分保障,如果不是特别严重的情况,客户也不会来投诉。因此一旦发展到投诉的地步,客户内心必然是很气愤的,这个时候客户心中无处发泄,只能从服务人员这里寻找出气口,此时唯一能做的就是让客户尽情宣泄,等心态稳定下来了才好开展接下来的工作。

2. 主动承认错误并道歉

承认错误并不是说就是自己的问题,而是为了不给客户传达一种"是你自己做错了"的这种错觉,避免问题严重性继续蔓延。因此,客户宣泄完毕后我们首先应该主动表明错误,并不断道歉,态度做好了,客户还你好脸色的同时,也会耐心听你讲解。

3. 分析问题出处

耐心询问问题产生的原因,了解事故的每一个发展环节,确保客户是否遗漏了什么重要信息,恰巧他们认为不重要所以未告知对方,最终导致误会产生,抓住问题关键,才好提出对应措施。我们需要保证的是服务质量而不是服务速度。

4. 提出问题解决办法

建立在维护客户权利与保障公司利益的前提下,针对问题的起因和结果提出合理的解决办法,具体的解决方案因人而异,目的是为了维护公司的名誉同时还维持好新老客源。

5. 询问客户意见

待服务方出具了具体解决方案后,询问客户意见,满意与否决定了方案是否能正常进行,如果客户的想法与公司有出入,首先要站在客户的立场上,在不损害公司利益的前提下,针对客户的想法与要求做出相应调整和更改,直到事故双方满意为止。

6. 后续跟踪服务

等事情告一段落后,记得拨打客户电话询问一下客户意见,对于解决方案的施行是否满意,是否需再做出相应调整,对公司有什么意见和建议等,这样有利于把控客户心理,下次再面临同样情况时能做好完善的前期准备,同时好的服务也能让客户对公司满意程度加分。

二、任务实施

(一)任务目标

(1)能够正确处理回访中客户的投诉。

(2)能够完整且正确地填写客户投诉登记表。

(二)准备工作

1. 实践操作所用的设备及环境

(1)实践环境:模拟4S店展厅实训室。

(2)设备:座机电话一部。

2. 实践操作所用的人员和工具

人员:销售顾问、客户。

工具:电话、客户投诉登记表。

(三)注意事项

(1)要注意电话礼仪,向客户道歉安抚客户的情绪。

(2)对客户的投诉内容要认真倾听并表示理解。

(3)要正确分析出客户投诉的问题所在,主动寻求解决办法。

(4)表现出同理心,不要引起客户的反感。
(四)工作内容
(1)根据班级人数进行分组,2~3人/组,每组选择一个客户投诉问题,记录客户投诉,并填写《客户投诉登记表》(表7-8)。

客户投诉登记表　　　　　　　　　　　　　　　　　　　　　　　　　表7-8

投诉时间	客户信息			投诉内容	投诉人	回访人	处理结果
	车牌	姓名	电话				

(2)根据客户投诉问题,按照投诉方法和步骤制订话术并进行实际演练,模拟对话,完成户投诉处理表(表7-9)。

客户投诉处理表　　　　　　　　　　　　　　　　　　　　　　　　　表7-9

序号	角色分配	方法和步骤	话术及练习记录
1	让客户痛快发泄	销售顾问	
		客户	
2	主动承认错误并道歉	销售顾问	
		客户	
3	分析问题出处	销售顾问	
		客户	
4	提出问题解决办法	销售顾问	
		客户	
5	询问客户意见	销售顾问	
		客户	
6	后续跟踪服务	销售顾问	
		客户	

(3)任务评价标准。各小组可以根据以下的评分标准,检验本组学习效果;也可根据评分标准评价其他小组学习效果,该任务的评价标准见表7-10和表7-11。

填写客户投诉登记表评价标准　　　　　　　　　　　　　　　　　表 7-10

序号	评价标准	得分		
		一般	良好	优秀
1	能准确记录客户基本信息			
2	能正确填写客户投诉的问题,完整记录投诉内容			
3	能判断出事故责任人,主动提出解决方案			
4	能给出处理结果			

客户投诉处理评价标准　　　　　　　　　　　　　　　　　　　表 7-11

项目	考核点	评分标准	分值	得分
礼仪考核	拨打电话的准备工作	准备好客户相关信息资料	5	
	拨打电话	选择正确的时间段拨打客户电话	5	
	精神面貌	精神面貌是否良好	5	
	语言表达	语言是否清晰、流畅、富有亲和力	5	
	语气语态	语气语态是否自然大方	5	
投诉处理	客户投诉	(1)按客户原话正确记录投诉问题; (2)认真倾听客户投诉内容并详细记录; (3)表示同情与理解,并真诚地向客户道歉; (4)态度诚恳,表现出对客户提出的问题高度重视并一定会解决	20	
	正确应对	(1)是否主动承认错误并向客户道歉; (2)对客户提出的问题认真分析原因,判断出问题所在; (3)表现同理心,站在客户角度理解客户的心情,安抚客户的情绪; (4)主动提出投诉问题的解决方法; (5)寻求客户意见,是否满意所提出的解决方法; (6)确定最终解决方法	30	
	让客户满意	(1)对客户愿意说出投诉问题表示感谢,客户的意见是我们提升的动力; (2)过程中态度诚恳,在不损坏公司利益的前提下始终站在客户的立场上; (3)和客户共同商量确定解决方法,让客户满意	15	
	跟踪回访	(1)是否在事情告一段落后,对客户进行再次的跟踪回访; (2)是否跟踪了解客户对于解决方案的施行是否满意,是否需再做出相应调整,对公司有什么意见和建议等	10	
		分数合计	100	

三、学习拓展

假如客户在交车过程中就产生了抱怨要投诉,作为正在接待客户的销售顾问,你该如何处理呢?要完成好这一任务,需要掌握客户投诉处理的基本原则和方法,根据所学的投诉处理的步骤制订工作步骤:

(1)认真倾听客户抱怨,分析客户投诉问题的原因,如果客户的投诉问题,只是对一些小问题的情绪发泄,也要安抚好客户的情绪。

(2)诚恳的道歉,避免激怒客户。要有同理心,站在客户的角度去帮助客户解决问题。

(3)表现出对客户的关注和投诉问题的重视。

(4)主动寻求解决办法,并询问客户的意见,共同商量决定投诉问题的解决方法。

(5)后续一定要做好跟踪回访工作,了解客户对于解决方案的施行是否满意,是否需再做出相应调整,对公司有什么意见和建议等。

(6)做好投诉处理记录的登记,完整准确地填写客户投诉登记表。

四、评价反馈

1. 自我评价与反馈

(1)对本学习任务的学习你是否满意,能说出为什么要重视客户投诉吗?

_____

(2)你能说出客户投诉处理的基本原则吗?

_____

(3)客户投诉处理的方法和步骤是什么?

_____

(4)你能独立完成客户投诉登记表吗?

_____

(5)你能按要求处理常见的客户投诉问题吗?

2. 小组评价与反馈

(1)你们小组在接到客户投诉处理的任务之后是否讨论过如何进行处理?

_____

(2)你们小组在任务中是否有明确的分工,相互沟通和配合良好吗?

_____

(3)你们小组是否按照客户投诉处理的原则和方法进行的?

_____

3. 教师评价

(1)小组综合表现:_____

(2)优势:_____

(3)提升之处:_____

学习任务八　网络销售促销量

学习目标

完成本学习任务后,你应当:

1. 能说出汽车网络销售的定义;
2. 能列举汽车网络销售的好处;
3. 能运用公司网站平台发布汽车活动、广告等信息;
4. 能操作公司网站平台,对网站平台中的客户数据或信息进行分析和管理;
5. 根据所学知识,正确地接听网络平台客户来电,恰当解答客户疑问,并邀请客户到店;
6. 根据网络平台的客户数据线索,制订针对性话术,主动拨打客户电话,邀约客户到店;
7. 能够接待应邀到店客户,获取客户需求信息,提供专业化服务,最终达成交易。

学习内容

1. 汽车网络销售的定义;
2. 汽车网络销售的特点和好处;
3. 汽车网络销售部的组织架构及各部门工作职责;
4. 汽车网络销售部的工作流程。

建议学时:12 学时。

任务描述

随着网络技术的发展,各大汽车品牌越来越重视汽车网络销售。一汽大众 4S 店在销售部新成立了一个部门:汽车网络销售部,你接受了网络销售部的现邀成为网络销售部的一员,那么接下来你该如何开展工作呢?

一、知识准备

(一)汽车网络销售概述

1. 汽车网络销售定义

汽车 4S 店已经成为汽车市场的主流渠道。近年来,随着信息科技的发展,尤其是网络的普及,大大拓宽了人们获取信息的渠道,而网络几乎成为消费者了解汽车产品和品牌的主要渠道,消费者通过网络来了解车市行情、选车型和商家等。之后汽车经销商开始大胆采取网络销售这一新的营销方式。

汽车网络销售指在互联网上完成选车、订车过程,然后线下与指定经销商进行试乘试驾、尾款支付、取车以及其他服务(上保险、汽车精品服务等)的过程。目前网络销售汽车主要有两种形式:一种为车企自建电子商务网站,如图8-1所示;另一种为借助其他电子商务平台进行销售,如图8-2所示。以上两种形式的区别主要在销售电子商务平台所有权不同。

图8-1 上海大众荣威建立品牌官网

图8-2 汽车之家网络销售平台

网络销售能充分发挥企业与客户的互相交流优势,而且企业可以为客户提供个性化的服务,是一种新型的、互动的、更加人性化的营销模式。

2.汽车网络销售的流程

汽车网络销售的流程:第一步,消费者在网上选车;第二步,网上订车并填写订单,同时选择线下交易经销商;第三步,支付订金,线上线下交易均可;第四步,预约试乘试驾(可选);第五步,到指定经销商取车与支付尾款,以及完成相关交车手续,如图8-3所示。

图8-3 汽车网络销售过程图

3. 汽车网络销售的特点

1) 购买流程复杂

网络购物作为新兴的消费形式,随着互联网的普及已经成为我国主要的消费形式之一,目前网购产品具有交易简单、体积小、运输方便等特点,而汽车要完成交易需要线上、线下、多方、多次沟通才能完成。

2) 多方合作

汽车由于自身特殊属性,厂商无法主导完成汽车网络销售从订车到提车的全过程,需要多方配合。消费者在网上完成选车与订车后,需要线下与当地经销商配合完成其他后续工作,因此汽车网络销售是多方合作的过程,如果是与第三方电子商务平台合作,还需要与第三方平台进行协调配合。厂商无法主导完成消费车汽车网络销售的全过程,需要协作完成。

3) 交易金额大、线下手续烦琐

汽车售价从几万元到几十万元,甚至上百万元,与普通耐用消费品相比,具有单张订单金额大的特点,同时手续烦琐,在支付全款后消费者还需要办理一系列手续,办理过程中需要出示各类证件。

4. 发展汽车网络销售的意义

1) 降低成本

网络购车这一举措更迎合年轻消费群体的口味,特别是80后逐渐成为购车的主体。网络购车和厂家直接洽谈,必然能省去其中许多不必要的程序,作为消费者还可以从中获得更多的价格折扣和实惠。

而对汽车厂商来说,网络购车不但可大大降低成本,比如高额的建店费用、资金运转费用、公司日常运营等费用,而且产品、配置可在网络上任意由客户进行搭配,进行定单式生产。其次,汽车网络销售具备网络营销的绝对优势,客户群体不受时间、空间限制。

2) 可作为补充手段收集潜在客户

除了降低成本、方便快捷外,也有经销商表示,网络可作为销售手段的一种补充,通过网络延伸销售环节,以此来收集一些潜在客户的信息。广州某汽车品牌4S店销售经理表示,一些赢利水平较低的产品可尝试走网络销售的道路。比如,汽车厂商可在闹市区设立小型展示厅,再通过网络达成交易,这样既节省成本,也能保证一定的人流量。

3) 网络营销或改变传统4S销售模式

通过网络营销可以让客户网上下订单,提出个性化需求,厂家根据客户需求予以量产,将生产者与消费者直接互动起来,这就需要现有的4S店进行转变,从原来销售为主转向客户服务为主。而从国外发展模式来看,4S运营成本过高,纷纷向3S或者2S城市店模式转变,如果采取网络营销的话,能加速目前经销商的转型。

不过目前绝大多数网上4S店还只具备提供购前信息和有限的议价功能,对于最终的下单并没有过多的涉及。所以,现阶段网上4S店在短时间内大范围取代各品牌实体4S店还不现实。

虽然严格意义上的网络销售在现阶段并不能完全实现,但是越来越多的消费者利用网络来了解汽车配置、价格和口碑等信息。因此,网络就成为汽车销售商们一个挖掘客户资源的绝佳渠道,因此,现在各大品牌4S店都会建立独立的网络销售部门,该部门通过电话、网络等多种方式跟进网络消费者,邀约客户到店实地看车,最终以达成成交的目的。因此,本章内容围绕目前4S店网销部门工作流程展开,重点介绍4S店网络销售部的内容和工作流程。

(二)汽车4S店网络销售部工作内容

1.网络销售部的设立

汽车4S店为了发展网络销售渠道,一般都在设立网络销售部门,又称DCC部。而网络销售部门在4S店的组织架构归属一般会有三种形式,一是作为一个独立的业务部门,由一位独立的DCC经理负责,下辖网络营销专员、电销专员和销售顾问;二是划归销售部,设置一位DCC主管,统一归销售经理领导,DCC主管的地位和展厅主管的地位平等。同样,这个DCC小组里有网络营销专员、电销专员和销售顾问;三是划归市场部,设置一位DCC主管,主管下面有网络营销专员、电销专员和销售顾问。一般来说,将网销部划归销售部的做法比较多(图8-4),因此本章内容讲解也采用划归销售部的设立形式进行。

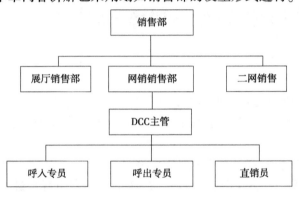

图8-4 销售部组织结构图

2.网销销售部岗位设立及岗位职责(图8-5)

图8-5 网络销售部各岗位主要工作职责

1）DCC 主管

主要工作职责：统计报表、目标分解、执行、监督、总结、整改、补给。

重点内容：制订投放计划、渠道维护、拓展、店头针对性活动、促进销售。

具体内容如下：

(1) 负责 DCC 部门的日常工作安排：包括考勤、办公纪律、工作内容。

(2) 负责每日对 DCC 部门工作情况进行数据化统计及管理，对该部门工作情况进行月度、季度、年度的数据分析。

(3) 实施 DCC 部门工作计划及业务考核内容。

(4) 负责客户名单收集、客户资料整理、扩充客户资源库。

2）呼入专员

工作职责重点：及时收录客户信息、进行初次邀约、确定客户预计购买时间。

具体内容如下：

(1) 熟悉使用厂家及本店的接听及邀约话术。

(2) 及时录入有效客户信息。

(3) 除接听前台电话外技师手机网络客户信息。

(4) 负责对每日电话呼入量、通话时长、客户关注车型、来电渠道等信息进行统计，并每日上报该部门主管。

3）呼出专员

工作职责重点：制订邀约目标时间、计划性跟踪。

具体内容如下：

(1) 熟悉使用厂家及本店的邀约话术及电话的沟通技巧，树立并维护公司形象。

(2) 依据 DCC 部门主管要求，及时专业地通过回访客户及跟进客户，以达到邀约客户到店看车。

(3) 根据部门主管要求，应对每日回访客户数量、客户到店量、战败原因等信息作相应的报表。

(4) 根据部门主管要求，及时提供相应报告，并与相关部门建立良好的工作关系。

(5) 协助 DCC 团队处理系统数据信息。

4）直销员

工作职责：完成销售。

具体内容如下：

(1) 客户到店，对客户做需求了解、商务谈判、合同签订。

(2) 对每日接待的客户进行数据汇总，对战败客户进行战败分析。

(3) 完成规定的销售任务。

(4) 维系好新老客户关系。

（三）汽车 4S 店网络销售流程

1. 网络销售七大销售流程

经调查，现各汽车品牌都会建立网络销售渠道，各品牌 4S 店也建立了网络销售部，但由于汽车属于大宗消费品，受到构造复杂、价格高昂、物流运输难度大和售后服务无法保障等各种条件限制,现汽车网络销售并不是真正意义上的网络销售,更多的是利用网络传播的优势对汽车产品或品牌进行宣传,以达到收集信息、积累线索、为销售汽车争取邀约客户看车的机会。现根据各汽车品牌4S店的网络销售经营模式,总结网络销售工作流程,如图8-6所示。

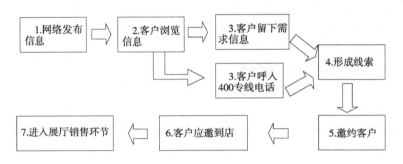

图8-6 汽车网络销售工作流程

2. 七大销售流程具体分析

1）网络发布信息

网站维护人员在各网络平台发布相关汽车品牌、车型、价格、促销活动、车友活动等相关信息。根据汽车品牌定位选择合适的媒体宣传,增加曝光度,相当于投放广告。现在大多汽车品牌基本都会选择垂直网站,通过购买汽车垂直媒体网站会员（比如汽车之家、爱卡汽车、易车网等）,如福特汽车在爱卡汽车做的首页广告宣传（图8-7）。选择好媒体宣传渠道后,将公司的车型图片、视频、价格信息、最新活动信息、车友活动等在垂直网站上进行曝光,以获得汽车消费者的点击和关注,从而积累客户线索、资源和信息。

图8-7 福特汽车在爱卡汽车的首页广告宣传

2）客户浏览网站

随着时代的进步和网络技术的发展,当人们想了解一款汽车时,可以搜索汽车网站输入想了解的汽车信息,网络就会提供海量汽车信息供消费者参考,网络的便利性和快捷使得消费者足不出户就可获得信息,如图8-8所示。

图8-8 客户浏览大众汽车官网

3）客户留下需求信息/呼入400电话

当客户浏览到感兴趣的车型，或者对车型或其他信息存在疑问则可能会在网站或网络平台留下其个人联系方式和意向车型信息，网站维护人员要将每日的会员网站订单、电话、留言及时收集整理，如图8-9所示。

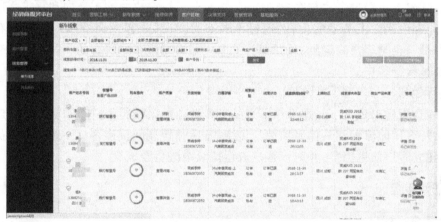

图8-9 上汽荣威在汽车之家的后台管理

如果客户直接拨打400电话咨询，呼入专员则要做好销售热线电话的接听工作，通过电话的接听做好客户需求分析和看车经历了解工作。一般来说，客户致电咨询是当前兴趣度较高的表现，呼入专员要充分了解客户需求，帮助客户解答问题，最为关键的是要主动发起邀约，邀请客户到店感受。

4）形成线索

网站维护人员要及时做好数据收集及分析工作，客户的数据信息是网络销售部门的生命线。网络销售部的客户来源于网络咨询或网络活动开发，不包括随机到店的客户，因此，做好网络数据收集及分析工作是获得客户线索的基础。另外，对于每日的电话接听和邀约电话都要做好记录，分析客户具体情况，设计针对性话术对客户进行计划性跟进，以获得客户信任，邀请客户到店。

5）邀约客户

无论在网络、电话中与客户沟通多少次，但目前4S店的网络销售并不完全能实现网上成交。因此,各大4S店的网销模式基本都是利用网络与客户建立联系,邀请客户到店进入实地看车和洽谈成交的方式。因此,呼出专员在拿到销售线索后,要及时跟进,做好客户的邀约工作(图8-10),重点是根据客户自身情况,制订相应的针对性话术,目的是邀约客户到店,网络营销核心是把客户邀约到店。

图8-10 呼出专员与客户电话沟通

6) 客户应邀到店

呼入/呼出专员经过多次与客户的交流,在充分了解客户的购车意向和需求之后,呼入/呼出专员与客户建立了基础的信任,通过不断努力,有部分客户会应邀到店实地看车。呼入/呼出专员一旦与客户确定到店的时间,就应立即将与该客户所有的相关信息转交给直销员,由直销员接待客户。

7) 展厅销售

客户一旦应邀来到4S店,那么接下来的工作就由网络销售部的直销员对客户进行全程跟进,而接待客户的流程和具体事项都与传统4S店销售顾问接待客户一致。直销员在接待客户后要建立客户信息档案,并对该客户进行持续跟进直至成交。

二、任务实施

(一)任务目标

(1) 根据一汽大众4S店网络销售部的规章制度,能独立地收集和管理客户信息,形成线索,并能够呼出电话,与客户建立联系。

(2) 根据已有线索,制订针对性的电话邀约话术,邀请客户到店。

(二)准备工作

1. 硬件资源准备

(1) 实践环境:模拟4S店网络销售部。

(2) 设备:办公设备。

(3) 工具和材料:电脑、电话、录音设备、纸笔。

2. 软件资源准备

网站平台、客户数据和信息。

(三)注意事项

(1) 网络客户数据和信息要及时整理、跟进,跟进不及时会造成客户流失。

(2) 网络客户信息中的个人信息应注意保密。

(3)与客户电话交流注意礼貌礼节,记录客户问题,并帮助客户解决问题。
(4)要主动邀请客户到店,获得与客户面谈机会。

(四)工作内容

(1)根据一汽大众网络平台的客户数据和信息,整理成客户线索,并将客户信息填入表8-1。

客户线索表　　　　　　　　　　　　　　　　　　　　　表8-1

日期	客户姓名	电话	车型	是否建卡	初始建卡级别	内容	信息来源	渠道	地区	销售人员	重复跟进情况

(2)根据已有线索,制订电话邀约话术,邀请客户到店,并将电话邀约话术填入表8-2。

电话邀约话术表　　　　　　　　　　　　　　　　　　　表8-2

日期	客户姓名	电话	基本情况	邀约话术	邀约日期

(3)任务评价标准。各小组可以根据以下的评分标准,检验本组学习效果;也可根据评分标准评价其他小组学习效果,各任务的评价标准如下。

①整理网络平台客户信息评价标准见表8-3。

网络平台客户信息评价表　　　　　　　　　　　　　　　表8-3

序号	项目	考核点	评分标准	分值	得分
1	日期	准确、完整	日期是否精确到年月日时分	5	
2	客户姓名	准确、完整	精确到姓名,如无则要标准"×先生"或"×女士"	5	
3	电话	准确、有效	至少留有手机号,尽量多留一个备用号码,或者微信、QQ号	10	

续上表

序号	项目	考核点	评分标准	分值	得分
4	车型	品牌、车型、排量、颜色	是否有确定车型,如无,客户关注了网站上哪些车型;关注车辆型号、排量、颜色等关键配置;每项10分,共40分	40	
5	建卡级别	标注客户级别	是否标注客户级别	5	
6	内容	客户关注内容以及跟进客户内容	是否对客户关注内容进行详细描述;是否记录电话跟进客户内容及兴趣车型	10	
7	信息来源	信息来源网站	是否标注客户信息来源网站	5	
8	地区	客户归属区域	是否标注客户归属区域	5	
9	销售人员	跟进人员姓名	是否标注跟进该客户的销售人员姓名	5	
10	再次跟进情况	跟进情况记录	记录每一次跟进的记录	10	
11			分数合计	100	

②制订电话邀约话术评价标准见表8-4。

电话邀约话术评价表　　　　　　表8-4

序号	考核点	评分标准	分值	得分
1	礼貌用语	电话中是否有对客户的尊称和礼貌用语	5	
2	基本拨打电话要求	是否使用普通话	5	
3		是否询问客户是否方便接听;并说明了来电目的	10	
4		是否记录客户信息	10	
5	邀约话术	邀约态度是否真诚	10	
6		邀约话术是否具有感染力和吸引力	20	
7		客户是否喜欢你的表达方式	10	
8		邀约话术中的活动是否满足客户的需求	10	
9		邀约内容是否有新意和创新之处	10	
10		是否能灵活应对客户拒绝邀请	10	
11		分数合计	100	

三、学习拓展

各大汽车品牌基本都设立网络销售部门,并针对网络客户开展各类活动。现请你利用网络资源或者到汽车4S店实地考察,总结出网络销售部一般会开展哪些活动来吸引客户。要完成这个任务,你需要从以下几个方面做好准备:

(1)浏览国内影响力大的汽车品牌的官网,收集各汽车品牌目前开展的活动。

(2)浏览国内较大的汽车运营平台,如汽车之家、爱卡汽车、易车网等,记录活动信息。

(3)调研汽车4S店,总结4S店所做的各种集客活动。

(4)加入车友论坛,与购车意向客户交流、讨论何种活动最能受到客户青睐。

(5)对所收集的信息进行分析,形成小组意见并书写成文。

四、评价反馈

1.自我评价

(1)对本学习任务的学习,你是否满意?
_____

(2)你能独立完成对网络客户数据的整理工作吗?
_____

(3)你能根据网络客户的需求信息,制订邀约话术吗?
_____

(4)你能根据邀约话术,将客户邀约到店吗?
_____

2.小组评价

(1)你们小组在接到任务之后是否讨论如何完成任务?
_____

(2)你们小组在对网络客户资料整理和制订邀约客户话术过程中是否有明确的分工,相互配合的好吗?
_____

(3)你们小组制订的网络客户话术的亮点有哪些?
_____

(4)你们小组在演练邀约客户环节,是否还有改进之处?
_____

3.教师评价

(1)小组综合表现:_____
(2)优势:_____
(3)提升之处:_____

参 考 文 献

[1] 李江天.汽车销售实务[M].北京:机械工业出版社,2014.
[2] 刘军.汽车销售与售后服务全案[M].北京:化学工业出版社,2016.
[3] 李雪婷.汽车销售流程[M].北京:人民交通出版社股份有限公司,2017.
[4] 刘秀荣.汽车销售技巧与实务[M].北京:电子工业出版社,2015.
[5] 陈姣.汽车销售人员超级口才训练[M].北京:人民邮电出版社,2012.
[6] 赵文德.汽车销售冠军是这样炼成的[M].北京:机械工业出版社,2014.